Dear 郁庭：

　　　　謝謝妳的愛與支持！

　　　喜歡妳如沐春風的溫暖，珍惜這難得的緣份。

　　　You 對了 Money 就來了！

相信九型會幫妳找到更多 You！

用愛豐盛

　　　　遇見更好的自己.

　　　積 極 而 不 執著

　　　放 下 而 不 放棄

得汌し
（如）
108.9.11.

每天十分鐘，
讀懂九型人格

ENNEAGRAM

　　寫這本書的起心動念，是希望幫助九型人格的學習者，能夠快速的掌握學習的要領，九型人格總計有六個大系統，分別是：主型、三元能量、動態遷移、健康層級、副型和側翼，本書囊括了前面四者，限於篇幅關係，後面的副型和側翼部分，留待日後在與「成交」和「戀愛」的應用篇一起出，九型人格是一個博大精深的系統，前後環扣，左右相關，如果您對九型人格有興趣，建議依循本書編排的步驟，一步步扎穩基本功，本書所呈現的正是一個開始學習九型的人，正確的學習路徑。

　　九型人格已經被確認是人類古老的發展體系，在每個時代裡，九型人格都展現出智慧的生命力，引導人類靈性的提升、團隊組織的合作、人際關係的交流，兩性之間的互敬互愛，九型人格可以在各個領域中，協助每個人看見自己真實底蘊的力量，克服恐懼，獲得靈性自由。

　　我愛上九型人格，是源自於自己對「人」的理解很大的困擾，小時候陪外婆看歌仔戲，在那個宣揚忠孝節義的年代，戲中上來的角色性格比較鮮明，非黑即白，所以角色出場時，外婆總是問我說：「這個人是忠的，還是奸的？」養成了我看世界的顏色只有黑白的習慣，然而世界是彩色的，這樣錯誤的顏色視角，讓我在成長的道路上沒少吃苦頭。

　　遇上九型人格，我發現，世界上有七十億人口，透過九種人格類型的理解，我就能很徹底的清楚每一個人的恐懼、慾望和慣性行為之間的連結關係，從而能夠以一種雙方能認同、感受更親近的方式交流互動。

　　不論在人際關係上，或是在工作商務中，九型人格所提供的助益，可以說是成功的核心關鍵，因為這世界上所有的價值都是「人為」的，能夠掌握人，就是掌握世界的價值。關於「人」這個主題，我想每個人都很有興趣，也很需要了解的，我們說：「知人者智，自知者明。」想要

擁有一個明智的人生道路，關於「人」你必須深入的了解。人生如棋，每個人都是自己棋局的主帥，如何佈局，如何善用團隊，如何贏在終點，第一步你該做的，就是先能辨識人才的特質，什麼人才像「車」，不管不顧地橫衝直撞，眼中只有目標，給予任務一定使命必達；什麼人才像「馬」，彎彎繞繞周延團隊，口徑一致向外，創造 1+1 大於 2 力量；什麼人才像「炮」，借力使力不費力，調和鼎鼐借用他人的力量完成高遠的任務。身為主帥，你首先得能辨識人才的特質，馬走日，炮翻山，各自的行為模式不同，誰是馬，誰是炮，採取正確的策略方能幫馬踢掉拐腳的人，提供炮需要飛越的高山，運籌帷幄決勝千里，知曉箇中玄機就在九型之中。

在書店裡，我常看到很多書在指導「如何成交」，所謂成交，泛指業務締結客戶，公司中請求升職、加薪，領導要求部屬目標的認同，乃至於男女關係的追求、結婚的請求……，書中琳瑯滿目寫了很多的招式，研讀之後總讓我感覺這有太多的情境前提假設，雖然內容寫得有趣，但是只要狀況不雷同，就很難能夠師法應用。馬雲說：「會聊天，你就會成交。」我非常贊同這句話，成交的同意權在對方身上，如果你會聊天，對方就自然能告訴你成交的關鍵在什麼地方。九型人格引導你以對方的視角看問題，那是一個更體貼，更吻合對方需要的角度，來協助達成對方期望的作為，這會讓對方很潛移默化地喜歡上你。

這本書的呈現要特別感謝我的牽手亲蓁，在過程中幫了很多的忙；感謝我的工作夥伴得沁、嘉慧、美娜和宜珍，和我一同在成書中的努力；謝謝工作坊的學員們，在課堂中給予我們很多的精彩的互動，大家的貢獻都會透由這本書的出版，協助後繼的學習者更徹底、更容易地愛上九型人格。

林忠儒 (Jack)

　　愛上九型人格是一個很奇妙的緣分，那是一種終於被理解的感受、一種發現自我且明白人與人的關係，是可以被解碼的秘密武器。九型人格不僅是千年流傳下來的古老智慧，其中還包含西方的現代心理學，是一門有科學根據的識人學，並非一般的玄學。

　　當您學會九型人格後，就會知道全世界就分成這九種人。我們可以明白每種型號的行為系統，知道每一個型號都有他內心最深層的恐懼，才會產生出自我防禦行為，我相信只要我們真誠地去面對它，而不被系統所控制，就可以發展出很多不同的可能性。這樣不被限制的人生，才可以真正地自由自在。

　　這一本《每天十分鐘，讀懂九型人格》，是我們把這些年研究九型人格的個案經驗值，分享給大家的一本好書。希望讀者能每天花一點時間，就可以慢慢的了解自己，進而去理解他人，真正輕鬆地做到「因為理解，所以諒解」，不再被無明的猜疑所誤導，困擾了自己的心靈，進而保持在身心靈平衡的狀態。

　　我們相信只要有人的地方，都可以應用到九型人格。這是一門心法，您不再需要去學習更多技巧，就可以具備穿透人心的基本能力。當您讀懂且學會九型人格，您會開始產生真正的同理心，學會處理所有的人際關係，達到無所不能且心想事成的能力，這將會是您一生最受用的工具。

得沁

目錄

九型人格的緣起

Origin of Enneagram

ARTILE 01 / 緣起 ORIGIN

　　九型人格最初登上人類舞台的時間已不可考，但是研究者傾向認為它的歷史，可能要追溯到西元前二千五百年，甚至更早。相傳它發源於中東兩河流域古老的靜心團體，團體中的導師藉著九型人格來審辯弟子的性格類型，並依此來指引他們靈性修行上的迷津，協助他們提升人格健康度。

　　九角圖（Enneagram），是九型人格重要的智慧結晶，利用九角星的觀察，能夠闡釋物質世界裡人事物的發展歷程，九型人格的導師使用九角星，來體現宇宙星體的遷變過程和人類的自我意識發展。

ARTILE 02 / 當代大師 CONTEMPORARY MASTER

葛吉夫（G.I. Gurdjieff）

　　近代最早研究「Enneagram」九角圖之人，並創造「神聖舞蹈」教學，希望舞者在無意識的狀態中，透由自己所做出的各種肢體動作，來感受源自身體韻律的自然節奏。人的心靈之所以沉睡，致使我們在應對上產生機械化的慣性，是因為我們的腦、心、腹三個中心不平衡結果，他利用舞蹈來喚醒三中心的功能。

奧斯卡・伊察索（Oscar Ichazo）

我們現在所看到的九型人格圖，是由玻利維亞人伊察索所研究的成果，他是九型人格理論的奠基者。

他師從葛吉夫，1969 年在智利成立阿里卡學院，教授九型人格，用以培訓和指導人類的心理素質。透過資料整理和研究，他將人性的各種情慾原罪套入九角圖中，現代的九型人格學說便是依此作為範本教材。

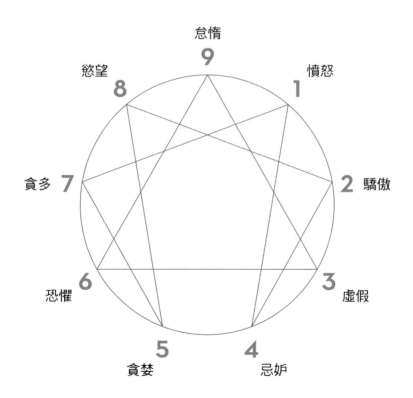

克勞狄亞・納朗荷 (Claudio Naranjo)

知名的心理學家、精神科病學家。

曾追隨伊察索在智利學習九型人格，學習後，便將這門知識帶到美國加州，並開設一系列的九型人格工作坊，用「人版研究」的模式，讓性格型態相同的人聚在一起，彼此互相分享在想法與行為上的共同點與差異性，九型人格的知識，由此產生更廣面的細節。

ARTILE 03 / 學習價值 LEARNING VALUE

從小到大上過很多歷史課，雖然不同年級講課的老師不同，但是所有老師都有一個相同的觀點，就是人一定要念歷史，因為歷史會重複輪迴，你懂歷史，就會懂得這個世界。這是個有趣的觀點，每個年代不斷有新的生活型態、心靈成長、科技創新，甚至還有不同的族群不斷的融合演化，然而中國的歷朝亡國原因都一樣，就是「黨爭」。所謂黨爭，就是人禍，都是人性所導致的錯誤，因此對於人性的了解，是一個人生存在這個社會，一定要用心體察的功課。

學習九型人格的學問，有很多重要的好處：

01 認識自己：可以幫助我們了解自己的性格特徵。人性貴在自知，因為了解自己，明白自己的長處短處，這份掌握度正是自信心的來源。

02 潛能發揮：適性揚才是潛能開發的關鍵契機，了解性格的屬性，可以知道什麼環境自己會如魚得水，在哪些地方可以憑藉天賦，躍上巔峰。

03 療癒心靈：心靈傷口，在理解中可以療癒。九型系統的智慧可以幫助我們知其然，更知其所以然，於是我們就會知道為什麼遇到狀況，我們會直覺地這樣反應，我們為什麼會難受，原來這一切都是有個固著在控制自己。了解原因，並且自我提升，我們於是得到救贖。

04 人際關係：擴大到我們的環境四周，九型人格可以幫助我們更深入的體察自己的家人、朋友、同事的所思所想，讓我們互動起來更貼近，更無障礙。

　　生存的環境不斷的在更迭，人文思想、科學技術不斷地在創新，然而人性從來沒有改變過。學明白，你可以縱看歷史長河五千年興衰的定律，也可以豎眼橫對各為其主的辛酸冷暖，人性這門功課，或許學校不會教，讀了也不給學分，甚至一輩子也領不到畢業證書，但是，你不能不學。

ARTILE 04 / 溫馨小提醒 REMINDER

　　我想，此時此刻，你應該迫不及待的想要翻閱下一個章節了吧！

　　但是，在啟航之前，有段重要的話需要在這裡鄭重的宣導，這是九型人格學習者重要的門規戒律，是為了讓學習者有正確的心態，達到較好的學習效果所訂立的，希望在出發前提醒你一下：

一知半解的狀態下，不急著決定自己的型號。

　　雖然在九型的分類定義下，人只有九種，但是深入研究後你會發現，九型人格其實是個動態且立體的系統，每個人在這個系統中都是獨特的個體，例如第一型人，本身就會有性格健康度就有「健康、普通、不健康」的狀態分類，在安全自在的狀態下，會有與第七型人特徵整合的放鬆呈現。而在性格在緊張、痛苦時，會呈現第四型人不健康的狀態，這是解離現象。因此九型人格是個活躍的體系，全盤了解後在做結論才不失客觀。

不要刻板給他人套上標籤。

　　模板的對比學習法是個有效而快速的方法，但是初學者需要多花時間跟精神去理解定義的細節，生硬地套上某些特質在某個人身上，容易會變成一種偏見的標籤化，剝奪了對方自我探索的機會，嚴重者可能因為誤導而使得對方對人生有負面的影響，不可不慎。

不要自我開脫，以型號作為藉口。

　　「我是個第八型人，我不爽就火大，火大就想揍人，所以我揍人不是故意的。」這話就是用型號作為藉口了。我們說江山易改，本性難移，所謂「難」，並不是說不能，只要我們能清楚地知道，真實的我是什麼，而當下的我被什麼作用了，我們能察覺到這裡，就會如老子說：「自知者明，自勝者強。」知道就是知識，行動才有力量。

　　約法三章之後，我們出發！

九型系統導航

Navigation of Enneagram

三元能量 Ternary Energy Theory

九角星介紹

　　九角星圖由三個主要部分構成，分別是：圓形、三角形、六邊形。

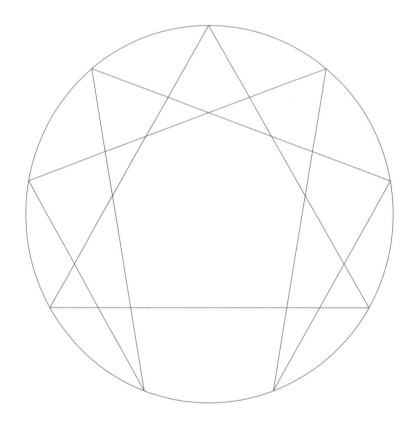

◆ 圓形

　　九角星圖最外圍的圓圈代表宇宙，代表我們生存的外在大環境，同時這象徵著「完整、和諧、唯一」的意思。所有世上萬物，包含人類都生存在這個大環境之內，這是一種相容並蓄的完整性。這大環境之中的一切運行，以和諧並存為最高原則，牽一髮則動全身，互相尊重方能萬世太平，大環境僅有唯一的一個，有些主張一神論的宗教，也以此為論據。

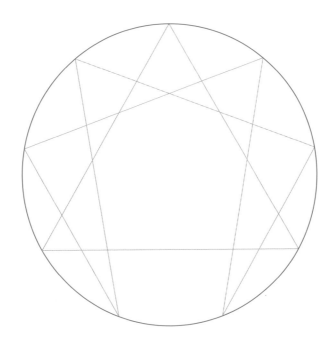

◆ 三角形

代表我們看待宇宙萬物的「三元論」，舉例：

01 **道家**：老子把「道」作為宇宙本體，「道」生一，一生二，二生三，三生萬物。

02 **中華文化**：道、地道、人道，合稱三才。

03 **佛教**：佛、法、僧，即是三寶。

04 **基督教**：聖父、聖子、聖靈，亦即三位一體。

三元論給予世界很大的彈性發揮空間，因為三元論代表事物之間，除了黑與白之外，還有廣大的灰色地帶。

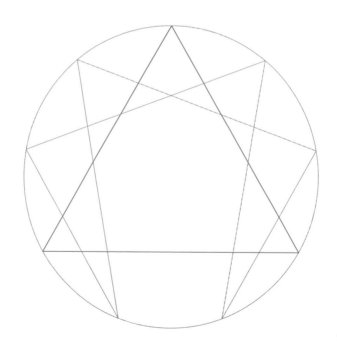

◆ 六邊形

代表「逢七變化」的定律，舉例：

01 **中國易卦**：每一卦有六爻，第七爻為另一卦。

02 **基督教（猶太）**：上帝用六天創造世界，第七天休息。

03 **曆法**：一周為七天。

04 **西方文化**：七被視為幸運數字。

05 **光譜**：七種顏色。

我們常說，世界上唯一不變的真理，就是世界永遠在改變，所有的一切雖然不是永恆的存在，但萬事萬物皆依其本性的規律，在這個宇宙間相賴互存。「六邊形」告訴我們所有的作用與發展，其實是有軌跡可依循與預測的。

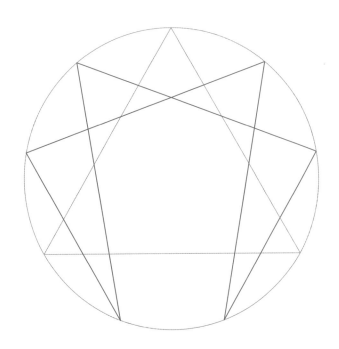

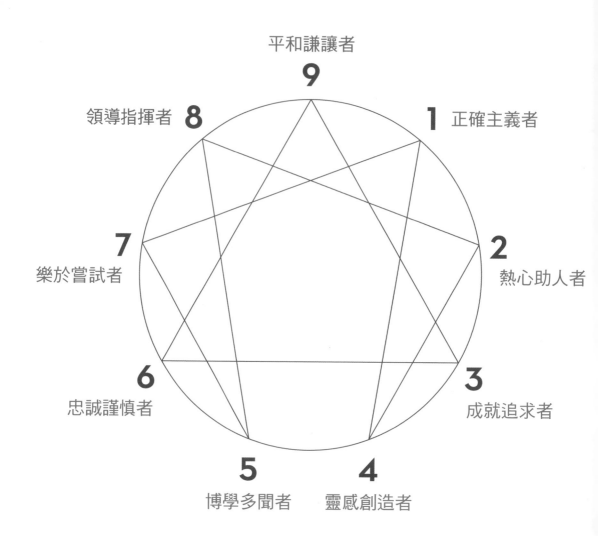

九型人格圖

三元能量中心介紹

　　九型人格將一個人的基本性格類型分為三種，分別是腦中心、心中心、腹中心，腦中心主管的是一個人的思維能量，第5、6、7型是屬於思維型腦中心的人，心中心主管的是一個人的情感能量，第2、3、4型是屬於情感型心中心的人，腹中心主管的是一個人的本能能量，第8、9、1型是屬於本能型腹中心的人。

　　人際關係的互動中，我們會很習慣地拿出自己的長處，來應對所需要處理的問題，這完全是一個正常不過的慣性，這個慣性是我們能夠立身處世的依恃，但水能載舟亦能覆舟，性格的過度與不足都會讓我們產生若干的困擾，因此可以說每個性格類組，正是說明組內三個型號核心問題之所在，也就是說：腦中心的5、6、7型比其他兩類組更容易在思維上萌生膠著的阻礙，心中心的2、3、4型比其他兩類組更容易在情感上發生執著的牽制，腹中心的8、9、1型比其他兩類組更容易在行動上產生固著的問題。

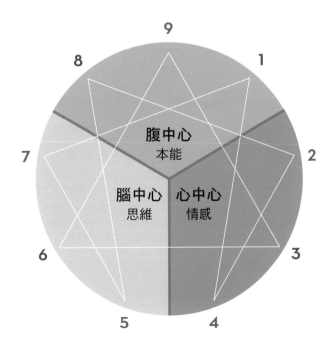

◆ 思維中心

在我們面對未來時，需要有一個平靜的腦來協助我們洞悉事實和思考問題，但是找不到這份內在的力量，讓我們產生對未知的恐懼，尤其是思維中心的三種型號，總是覺得缺乏指引或支持，認為一切要靠自己探索，為了得到這份安全感，三個型號的人會採取不同的方式來對抗心中的焦慮。

第五型人

認為自己在宇宙間過於渺小脆弱，沒有能力生存在這個世界上，更害怕被別人掌控，因此他們會努力蒐集資訊、學習知識，以因應未知事件的發生。第五型人習慣在遇到狀況時，把解決問題的公式先研究好，然後才有後續行動，因為重視腦部的發展，喜歡在獨自的空間中疏通條理。

然而過度使用思維能量，對於物質的需求相對不重視，甚至認為人際互動也是一種負擔。

第六型人

處在思維中心的第六型感到內心的焦慮，他們相信如果自己所做的事情是群體一致認可的，那麼他們就會感到安全，因此他們總關注群體中領袖的意見，遵從群體信仰。他們的拍板決定，不是來自於自身的思考，而是依賴自身以外的權威指導，然而依賴將使第六型人更害怕得不到支持與保護，所以他們總是不敢輕易相信別人，對事情總是做最壞的打算。他們與思維能力最脫離，如果沒有反覆確認權威和輿論的認同，他們無法信任自己的甄別和判斷能力。

第七型人

　　他們熱情洋溢，喜歡用快樂來取代內心的恐懼，第七型人充滿大膽嘗試的冒險精神，他們想用滿滿的新鮮想法來占據大腦，好讓內心底層的焦慮痛苦不會浮現上來。思維能量不足，思考力表現不充分的第七型人，常在還未理解一種想法的情況下，就被另外一個新出現的想法吸引過去，他們將刺激的行動以及雀躍的期待，當作逃避的天堂，只要把時間用行動和期待填滿，這樣就沒有感受恐懼的時間。

　　然而不斷的嘗試新事物，虎頭蛇尾沒有扎根的經營態度，也將形成第七型人的人際障礙。

◆ 情感中心

　　在與內在心靈交流接觸的時候，使我們感受到自己被愛護、受重視、生命有價值，但是生活中的創傷，使我們內在交流受到阻擾時，會讓我們產生自我認同的障礙，尤其是情感中心的三種型號。於是，他們會以創造一個替代人格（假面具）的方式，來代替原來的人格尋求他人的關注和肯定，他們相信自己所創造出來的替代人格，比真實的自我更容易被大眾喜愛。

　　然而透過別人的評價來確認自己，在渴求肯定的慾望背後，隱藏在心中的是，比不上他人的羞愧感。

第二型人

　　認為「施比受更有福」，用付出關愛的方式，希望獲得他人正面的情感回應，他們讓自己變得非常友善，想盡辦法幫助別人，希望大家需要他們，因為過度表現正面情感，他們會傾盡全力地做一個好人，努力滿足他人的需求，同時也主動與人交心，希望藉此得到他人的愛。

　　而期待從他人之處來尋求自我無私的形象，容易讓自己筋疲力竭，也會因為沒有收到對等的回應而怨恨。

第三型人

　　渴望大家的肯定與讚美，通過內心對話的鼓舞和積極有效的行動追求成功，成為鶴立雞群的佼佼者，令眾人佩服，他們擅長掌握社會大眾的期待目標，並藉由自己的超強適應能力實現目標，這樣的過程令人激賞，成果令人讚嘆，於是他們得到想要的仰慕。

　　然而，只關注他人所重視的價值，疏離自己的情感與需要，終將失去與內心的聯繫而迷失自己。

第四型人

　　能量和關注都是向內的，用想像力在自己的內心世界建構一個自我形象，通過藝術形式或審美觀點，來塑造形象價值。

　　創造一個細緻的故事，並為這個故事賦予個人化的意義，將自己曾經的傷痛情感加以戲劇化處理，來創造獨一無二特質，他們認為如果有人費勁地來關心自己的苦楚，我一定是個獨特而有價值的人。

　　自我形象建立在壓制正面情感的基礎上，將造成情感表達不足，也使得自己疏遠人群、自我憎恨，不能適應現實環境。

◆ 本能中心

本能是身體的智慧，就如同頭腦會告知我們某些信息一樣，身體也能告訴我們重要的資訊，例如氣溫冷了，肚子餓了，這些是透過身體的感知給了我們當下的重要生存信息。

直覺力也是身體智慧的產物，我們可以憑藉它來預知未來，解決問題，有它的存在，讓我們感受到穩定踏實與獨立自主，但是因為長期與本能疏離，致使我們的直覺力不敏銳了。當我們失去和本能的連結，人格會創造出「自我邊界」，它猶如一道城牆，在城牆之內是屬於自己的領土，在自己的領土之上，每個人都擁有自主權，「我們管不了別人，但是可以把自己管好。」在個人的邊界之內，我們能知道什麼是合理被允許的行為，而當別人犯界的時候，本能中心的怒火會被挑起，並且會以不同的方式，面對他人的越界。

第八型人

覺得自己是個強者，擁有無比的信心和勇氣，可以打倒阻擋自己的一切。總想主導環境，因此會過度擴張自我邊界，希望把別人都納入自己的領土之中，他們過度地表達本能的怒火，對憤怒不壓抑，絕不容許任何人的挑釁與犯界。

然而，過分的控制慾望和自我滿足，終將造成周遭朋友的離棄和背叛。

第九型人

謙讓無爭的處世態度，帶給周遭平和寧靜的氛圍，開放的心胸關注眾人的立場，可以融合大家的觀點，創造可接受的共識，讓大家朝向共同目標，一起努力。他們不喜歡破壞平衡，不論內在的情感和思維，或是外在的行動，希望可以和諧共好。只要事

情能完成，成功不必在我，自己樂當一個不沾鍋。他們與本能能量脫離，否認怒火，抹去界線，這將降低應對環境的能力，並阻礙自己的發展機會。

過分依附在理想化的幻想中，對於真正的威脅視而不見，他們會變得極度漫不經心，把別人當作空氣，這種被動形式的攻擊，是他們人際摩擦的主因。

第一型人

終其一生都奉行正直的行動策略，死守內心道德與良知的價值，對於「正確」有執著的關注，他們認為那些錯誤的衝動與墮落的慾念，不應該存在於自己的「自我邊界」（領土）之中，因此總是壓抑憤怒的衝動和人性的慾念，而且認為不論自己或他人，都應該奉此為圭臬，循規蹈矩做人。

當出現不認同的事情而心中有怒火時，他們會壓抑憤怒，致使本能能量表達不足，他們會把憤怒昇華為替神聖的理念工作，進行改善工程。

然而，過度的追求完美，會給人吹毛求疵，雞蛋裡挑骨頭的感覺。

動態九型 DYNAMIC ENNEAGRAM

防衛機制

　　葛吉夫認為要認識自己的最大障礙，就是因為我們內在有一個緩衝器，緩衝器的作用是為了減少摩擦，可以舒緩我們受傷的心靈，讓我們感覺舒服一些，但是這個緩衝器會讓我們曲解事實，並且將注意力轉移，但這同時隱藏了我們自己內在的負面特質，也讓我們無法看見人格的真實力量。

　　緩衝器在現代心理學中，相當就是心理防衛機制。防衛機制最早是由佛洛伊德（Sigmund Freud）所提出，所謂自我防衛機制是自我用來調節「本我」和「超我」壓力的方法。當自我意識受到本我和超我的壓力，一方面是抑止不住對原始慾望的渴望，另一面是強烈的道德感評判，不允許自己墮落，在兩邊夾擊下，我們肯定感到特別的難受、痛苦，而面對這些被引發的激烈焦慮與罪惡感，自我將無意識地啟動防衛機制，以扭曲事實的方法來維護自我，緩解或消弭焦慮和痛苦。

　　防衛機制塑造了「自我」的性格型態，九型人格的學習者，需要好好理解防衛機制的內容，因為九種不同的性格，就是來自九種主要的自我防衛作用。而所謂的自我覺察，要覺察的標也是防衛機制，我們說一個人性格自不自由，第一步就是當防禦機制啟動的時候，你是否能夠覺察呢？

說明

　　本我、自我、超我，構成人的完整的人格。

01 **本我**：遵循快樂原則，僅關注生存需要的滿足，人們透過社會化把「本我」加以馴服與限制。

02 **自我**：是人格的執行者，是我們可意識的部分，所表現出來的，是人類原始慾望和社會規範協調折衝的結果。

03 **超我**：遵循道德原則，維持我們的道德動力，迴避社會文化的禁忌行為。這是站在「本我」的反對立場。

運動規律

一個人的性格類型是一輩子都不會改變的,但是隨著自我的放鬆或是身心緊繃,會產生性格的整合和解離的模式,而九型人格亦能準確的預測移動規律。

當自我放鬆,不常啟動防衛機制時,我們的身心靈會成長,六邊形會循著 1→7→5→8→2→4,三角形會循者 3→6→9 的方向,產生整合的模式。

例如:當第一型人的自我因為放鬆而成長時,他將會呈現出第七型人的健康特質。例如:當第三型人的自我因為放鬆而成長時,他將會呈現出第六型人的健康特質。

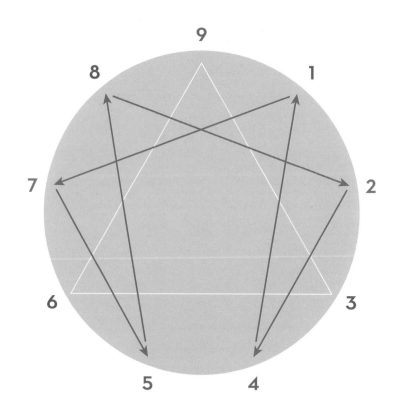

當自我緊繃，常常啟動防衛機制時，我們的身心靈會凋零，六邊形會循著1→4→2→8→5→7，三角形會循者3→9→6的方向，產生解離的模式。

例如：當第一型人的自我因為緊繃而凋零時，他將會呈現出第四型人的不健康特質。例如：當第三型人的自我因為緊繃而凋零時，他將會呈現出第九型人的不健康特質。

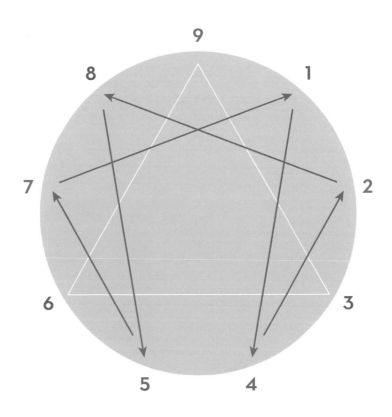

型號速寫

第一型人速寫
原則性強、果斷明確、有自制力、追求完美

神 邏 輯	沒有最好，只有更好。
超我信息	我很棒，因為我做的事情是正確的。
自我標榜	我是個理智的人。
恐 懼	害怕自己思想邪惡，行為墮落，成果有缺陷。
慾 望	希望自己善良正直、品德高尚，變得完美。
原 罪	**憤怒**：過度壓抑自己憤恨的情緒，追求不可能的完美。
注意焦點	對與錯。
防衛機制	**反向作用**：因為討厭自己墮落、不合標準，而為了緩和情緒壓力，心口不一地做出反向的壓制，例如，把內心的慾望（七情六慾），說成是自己嫌惡的東西，讓自己感覺達到標準。
變質扭曲	吹毛求疵的譴責。
自我救贖	**平靜**：接受這個世界的不完美。 面對自己真實的需要不是一件罪惡的事。
成長整合	第七型人的健康特質。嚴肅的第一型人，會懂得增添輕鬆歡樂的氛圍，激勵讓工作夥伴更願意全力以赴。
解離凋零	第四型人的不健康特質。重視理性原則的第一型人變得較情緒化。

第二型人速寫
慷慨大方、主動助人、感情外顯、占有欲強

神 邏 輯	我所做的都是為你好。
超我信息	我很棒,因為我不但受朋友關愛,而且我們情感非常親密。
自我標榜	我是個充滿「愛的能量」的人。
恐 懼	害怕自己不值得被愛,不被人需要。
慾 望	希望自己可以讓大家喜愛。
原 罪	**驕傲:**因為能給予而產生自我優越,認為別人的幸福都是自己幫忙來的。
注意焦點	他人對自己是否認同。
防衛機制	**壓縮作用:**壓抑自己的需求,以不求回報的無私喚取他人關愛的回應,為了強調自己的良善,會主動幫助別人,甚至面對仇怨,也會壓抑自己負面的感受,寬大為懷,以德報怨。
變質扭曲	要成為別人的需要,創造顯露價值的機會。
自我救贖	**謙卑:**奉獻的愛。 愛的能量是相互流動的,學會愛自己,就知道如何照顧別人,自己和被愛的人一樣重要。
成長整合	第四型人的健康特質。以人為先的第二型人,懂得愛自己,並且願意關注、探索自己的內心。
解離凋零	第八型人的不健康特質。原本貼心的第二型人變得蠻橫有攻擊性。

第三型人速寫

凌雲壯志、績效至上、適應力強、形象包袱

神 邏 輯	不怕神一樣的對手，就怕豬一樣的隊友。
超我信息	我很棒，因為我做的事情很出色。
自我標榜	我是個優秀的人。
恐 懼	害怕自己沒有價值，不被欣賞、仰慕。
慾 望	希望自己是個重要，有價值，受歡迎的人。
原 罪	**虛假**：摒棄真實的自己，致力給人相信包裝出來的自己。
注意焦點	成果的價值。
防衛機制	**認同作用**：向成功者學習，拷貝優秀與卓越者的生活樣貌，讓榜樣的模式與特質與自己融為一體，相信自己等同於形象，相信經過修改潤飾的自己才是真正的自己。
變質扭曲	急功近利的成功追求。
自我救贖	**誠實**：認同自己。 真誠比優秀的人更值得被愛。
成長整合	第六型人的健康特質。英雄主義的第三型人願意真誠與團隊合作，甚至犧牲個人，成全大局。
解離凋零	第九型人的不健康特質。原本幹勁十足的第三型人似乎發霉了，顯得閒散慵懶。

第四型人速寫

藝術創造、個人風格、浪漫主義、喜怒無常

神 邏 輯	只有在痛苦中，我才能感受到快樂。
超我信息	我很棒，因為我找到自己，並且能做自己。
自我標榜	我是個獨特的人。
恐 懼	害怕失去個人獨特的品味，失去意義。
慾 望	希望來自內在經驗所創造的意義與價值能獲得認同。
原 罪	**忌妒**：與人負面的比較，渴望自己沒有的束西。
注意焦點	關注缺失的部分，想要的總是得不到。
防衛機制	**向內投射作用**：追求完整性的過程中，會參雜美好與痛苦的事物，關於美好的，用幻想把這些事物投射到內心世界，填補心中的缺失感，關於痛苦的，則將這些感受吸收，再加入個人化的意義，透過幻想將情緒放大，闡釋出獨特的氣質，用感受創造自我存在感，以避免埋沒於茫茫人海之中。
變質扭曲	採取否定面的計較，放大負面感受，自我放縱。
自我救贖	**自在**：珍視擁有。 只要是真實的自己，平凡無法淹沒你。
成長整合	第一型人的健康特質。情緒化的第四型人，變得效率提升，主觀的認定有了客觀的標準。
解離凋零	第二型人的不健康特質。原本重視個人風格的第四型人，會重視別人的評價，處處討好別人。

第五型人速寫
探索新知、洞悉脈絡、低調隱密、性格孤僻

神 邏 輯	我就是要知識吃到飽。
超我信息	我很棒，因為對於事情我能完全掌握。
自我標榜	我是個聰明的人。
恐 懼	害怕自己無知，沒有足夠的競爭力。
慾 望	希望自己很有能力。
原 罪	**貪婪**：內心貧乏的恐懼催生了貪婪，緊守自己的資源。
注意焦點	別人希望從我這裡學到什麼。
防衛機制	**隔離作用**：退回思維空間，切斷情感聯繫，把整體分割成部分，對事物重新分類組合。用隔離來保護自己，隔離產生私密性和自主性，可以帶來安全感和控制感，但也造成自己超然和無慾求的態度，對這個世界缺少實際參與的行動。
變質扭曲	封閉闡釋自己的認知，形成象牙塔式的專業化。
自我救贖	**放下**：走入群眾。 真正的自主，是有自信分享，而不是不斷地切割自己。
成長整合	第八型的健康特質。過度思考、不斷準備的第五型人擁有了自信的行動力。
解離凋零	第七型的不健康特質。原本喜歡低調的第五型人，變得聒噪愛說話，心神不定。

第六型人速寫

值得信賴、有責任感、保守穩健、好謀寡斷

神 邏 輯	懷疑你，是為了相信你。
超我信息	我很棒，因為我能完成團隊的任務，並且方方面面設想周到。
自我標榜	我是個可靠的人。
恐 懼	害怕沒有指引和支持，擔心無法獨力生存。
慾 望	希望獲得指引、支持，和安全性。
原 罪	**恐懼**：焦慮不可知的未來（自我懷疑），而對他人負面投射。
注意焦點	他人潛藏在心中的意圖。
防衛機制	**投射作用**：將不為自己接受的想法、情感、行為加諸在別人身上，推定別人也這樣想的，甚至將某種不道德的罪惡慾念，反指向別人有這樣的念頭，以減少自己因為有此慾念的焦慮。害怕不安全的投射，使得大腦中不斷預演危機，為未來做準備。
變質扭曲	依賴權威信念來尋求指引與支持。
自我救贖	**勇氣**：相信你自己。 世界上沒有真正的安全，我有能力可以應變任何事！
成長整合	第九型人的健康特質。擔心害怕的第六型人，轉變為較為樂觀，有安全感。
解離凋零	第三型人的不健康特質。穩健踏實的第六型人變得愛比較，趾高氣昂喜歡顯擺。

第七型人速寫

熱衷新奇、多才多藝，自娛娛人，躲避痛苦

神 邏 輯	何必為了一棵樹放棄一片森林。
超我信息	我很棒，因為我所期待的事情，都能美夢成真。
自我標榜	我是個喜歡新奇的人。
恐　懼	害怕被剝奪失去的痛苦。
慾　望	希望獲得滿足與幸福感。
原　罪	**貪多**：不知足的慾望是對內在空虛的否定，總想用各種刺激的體驗來掩蓋內心的沮喪。
注意焦點	有趣的選項。
防衛機制	**合理化作用**：把不願面對的事實迴避或模糊化，並且重新架構成正面的解釋角度，以佐證自己當時行為是合理的，用來緩解犯錯的自責痛苦，迴避應有的責任。更直接的是一遇到不開心的事情，就立馬轉彎想開心的事情轉移注意力。
變質扭曲	信口胡言的逃避主義。
自我救贖	**節制**：學會感受。 向內尋找快樂，其實它藏在心裡面。
成長整合	第五型人的健康特質。虎頭蛇尾的第七型人願意紮根、定著，深入思考。
解離凋零	第一型人的不健康特質。整合創意的第七型人轉變為龜毛，喜愛批評。

第八型人速寫

自信心強、勇敢果斷、意志力強、支配性強

神邏輯	慈不帶兵，義不掌財。
超我信息	我很棒，因為我很強大，能夠掌控環境。
自我標榜	我是強者。
恐　懼	害怕受到控制、害怕被傷害。
慾　望	保護自己，有權力決定自己的一切。
原　罪	**慾望**：無底限地自我領域擴張，只有透過激烈的戰鬥才能感受自己的強大。
注意焦點	我是不是被控制了。
防衛機制	**否定作用**：否定一切自己不接受的想法、情感、行動、需求……，拒絕承認它們的存在。為了感受自己的強大，否定軟弱，否定對手，否定體能極限，長久如此則會變得越加掌控、殘忍。
變質扭曲	強力控制，充滿暴力與殺伐的鬥爭。
自我救贖	**純真**：解除武裝。 承認軟弱，反而證明你的強大。
成長整合	第二型人的健康特質。原本鐵石心腸的第八型人，多了一份同理心，成為了鐵漢柔情。
解離凋零	第五型人的不健康特質。原本膽大自信的第八型人，大搞失蹤，裹足不前。

第九型人速寫
融為一體、心滿意足、氣定神安、投閒置散

神 邏 輯	敵不動，我不動，以不變，應萬變。
超我信息	我很棒，因為我讓周圍的人都很好。
自我標榜	我是個和善的人。
恐　　懼	害怕分離與毀滅。
慾　　望	保持平和，外在穩定，內心平靜。
原　　罪	**怠惰**：不願意受到外在的影響，避免內在發生波動。
注意焦點	別人的立場觀點。
防衛機制	**麻醉作用**：對於應該賦予關注的事物卻撤銷注意力，將之淡化處理，甚至遺忘。喜歡沉浸在節奏固定、持久重複的事物中，這些活動令人感到舒服，因為這樣的抽離讓自己不需要耗費太多精力，並得以逃避感覺不舒服的事情，即使犧牲自己的感受和想法也無所謂。
變質扭曲	抗拒外在的影響，成為頑固的散漫。
自我救贖	**行動**：積極自己的人生。 你是重要的，先讓自我得到尊重，才能帶來真正的和諧！
成長整合	第三型人健康的特質。散漫怠惰的第九型人，轉變為積極向上，有目標感。
解離周零	第六型人不健康的特質。原本樂觀的第九型人轉變為杞人憂天的焦慮。

「層級」的意義，顧名思義我們要立體的觀察角度來理解性格，因為如果我們用「平面」主題式的方式，描述一個人生活中的表現，缺少整體結構的垂直視角，很快會發現這其中的矛盾和衝突所在。

性格層級主要是描述性格型號的健康成熟度，從「健康」、「普通」，到「不健康」。每個型號在不同層級會有截然不同的敏感度，他們的內在恐懼、慾望和各種特質，會在不同層級形成很多變化。例如：一個健康的第二型人是最樂善好施，他們奉行「施比受更有福」的信條；性格健康度普通的第二型人，為了確認自己在他人心中的好人形象，會以熱心主動的態度，他人為先的立場來取悅別人，希望他人認同自己心中的期待；性格健康度不佳的第二型人，他們會暗中擺弄、干涉別人，以幫助別人之名，來達到自己自私的目的。

每個型號從上到下，都因為不同的防禦機制和心理要件螺旋交織作用，產生不相同的特質變化，這樣的特質在不同的健康層級中差異很大，如果不加以甄別，很容易在分辨型號時發生錯誤，因為每個型號的行為，就像在層級間坐升降梯，不斷的發生變化。

性格的健康度是指「自我意識」的自由度有關，自我意識的自由度高（意即防衛機制不啟動），對於自我的心態掌握度就高，行為上越能心胸寬大，願意利己利人。反之，若是自我意識的自由度低（意即防衛機制常啟動），則容易意氣用事，甚至做出損人利己的決定。

要特別提醒大家的是，性格健康度並不是指一個人情緒的開心或不開心，舉例說，性格健康度低的人做出損人利己決定的事，他們可能會因為詭計得逞而自鳴得意、沾沾自喜。但是反觀性格健康度高的

人，他們更願意犧牲個人、成就大愛，為大眾公益而奮起拚搏，這樣的偉大成就，帶來的是真正內心滿足，不僅僅是一時的心情起伏。

在書中討論的行為和態度多是每個型號在普通健康的層級，因為這些才是在生活中最常出現的。

	健康度良好	標竿作用

標竿作用

健康層級型號的自我比較放鬆自由，能擁有一個理想，並有信心透過行動來實現它，在社會上展示價值。

健康度普通

性格「誘惑」

認同自我，以正向積極的心態，引動世界的正能量。
天賦禮物產生個人優勢。

人際做派

擴張自我，意圖控制環境與他人。
自我防衛引發人際摩擦與衝突。

健康度不佳

價值扭曲

扭曲自我，較具攻擊傾向，衝動式的生存策略，強迫性的零和戰爭，對世界失望。

層級的說明 ────────────────────────────────

01 **健康良好層**：防衛機制萌芽的階段，是行業的標竿楷模，主動的對
於世界負起使命。

02 **普通健康層**：防衛機制構造的層級，顯現典型性格模式，具足性格
能力。

03 **不 健 康 層**：防禦機制失靈的層級，失去正常社會功能，病態的破
壞層級。

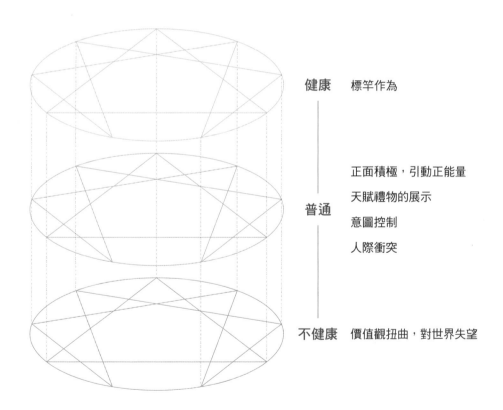

健康　　標竿作為

正面積極，引動正能量

天賦禮物的展示

普通　意圖控制

人際衝突

不健康　價值觀扭曲，對世界失望

正確主義者

<table>
<tr>
<td>健康度良好</td>
<td>

標竿作用

有很強的使命感，希望一切完美，不甘於墮落的道德感，使他們願意自我約束、犧牲享受，不斷追求卓越目標，彷彿是正義的化身。

</td>
</tr>
<tr>
<td>健康度普通</td>
<td>

性格「誘惑」

① 在意理想中的完美與現實世界是否產生了差距，因此會注意細節的改善，並且把每件事情的標準提高，在精益求精的進步狀態中，才會感到放心。

② 社會的改革者，擁有明確而堅定的立場，以本人的身體力行作為教導師範，先律己，後律人，會透過不斷宣達，希望大家能認同它們的標準，一同進步。

人際做派

① 謹守原則，追求整體的秩序感，強迫一絲不苟的紀律，法律和道德沒有假期。

② 他們所謂的客觀價值與人的慾念有著緊張的平衡，以這樣的標準批判他人，不如反思寬容理性和人性正義。

</td>
</tr>
<tr>
<td>健康度不佳</td>
<td>

價值扭曲

完美走味，已經成了個人化的吹毛求疵，所謂的仗義執言，變成教條式的嚴厲批判，不近人情的一字褒貶，只為了標籤別人都是錯誤的。

</td>
</tr>
</table>

第 2 型

熱心助人者

健康度良好

標竿作用

無所求的愛，助人為樂，對人充滿著關懷之情，並且以他人為先，施比受更有福。

健康度普通

性格「誘惑」

① 看重人際關係，同理關懷的感受力很強烈，對於幫助苦難中的人給予安慰與幫助，甚至有效率的將人脈整合出平臺式的交流機能，讓人與人的連結，產生人脈力量最大化。

② 總是在別人提出需要之前，就主動熱心地付出關愛，這樣的溫暖體貼，讓人將他們推心置腹，視為摯友。

人際做派

① 會向眾人有意無意地強調自己是無私奉獻，甚至為了表徵偉大無悲，會對傷害過自己的人以德報怨。

② 資源有限的情況下，幫不了所有的人，所以選擇績優股來做為輔助標的，然而屈就當紅花的綠葉，心中卻是渴望著別人對自己能有愛的表示，這種間接取愛的自我限制，正是人生中重要的桎梏。

健康度不佳

價值扭曲

過去對方常在盛情難卻的壓力下，不得已接受我強加的美意，但不管如何，現在該是對方回饋我「特權禮遇」的時候了。

第 3 型

成就追求者

健康度良好

標竿作用

任何時候都積極地發出榮耀光芒，做為大家的模範榜樣，總是設定更高的目標來自我潛能激發。

健康度普通

性格「誘惑」

① 潛意識中設定的傑出成就只有一個，就是第一名，可以拋棄一切雜念專注在目標上，用傲人的成績贏得眾人鮮花與掌聲。

② 不但要卓越，更要快速達到成功，主動與人競爭，要贏的意念很強。

人際做派

① 為了縮短成功的時間善用捷徑，一切的努力都是為了力求大眾的關注與羨慕。

② 大環境需要的特質是什麼，都能展現強大的適應力來配合展現，面臨困難與挑戰也善長取巧變通。

健康度不佳

價值扭曲

沒有創造真實價值，而只重視形象管理，依靠自戀式的自我行銷來包裝，事實上這就是自我欺騙。

靈感創造者

標竿作用

對於萬事萬物都依照自己的感受賦予意義，自己的情感與創意
的結果有對應的連結，傾聽內在的聲音，將心中湧現的靈感直
接呈現到現實世界。

性格「誘惑」

① 隨著動態的情緒變化，追求不同的獨特欣賞角度，嚐遍纖
　細的情感滋味，卻情有獨鍾於探索失落的缺陷。

② 通過自我感覺給予自己定位，真實情感等同真實自己，標
　榜與眾不同的品味，增加了神祕距離感。

人際做派

① 不掩飾潛意識的情感呈現，人際互動容易喜怒不定，堅持
　做自己的坦白，卻在多變的情緒，讓人感到撲朔迷離。

② 想像力加劇，放任主觀直覺自我暗示，給予人事物負面的
　意義，自顧自憐的無病呻吟，卻以為這是最率真的自我，
　負面式的比較，讓自己與正常的生活漸漸遠離。

價值扭曲

渴求心靈伴侶的拯救與關愛，展現若即若離的態度是為了考驗
情感的真誠。

博學多聞者

標竿作用

以旁觀者的視角蒐集資訊，蛛絲馬跡的觀察，旁徵博引的準備，能洞悉世界的奧祕。

性格「誘惑」

① 對元素的本質做精準的定義，對於元素之間的運作，相信有其相屬規律，渴望創造一道有用的公式來解決所遇到的問題。

② 知識是力量，掌握知識就是掌握力量，力量越大越好，窮盡洪荒之力刨根究柢，挖掘更大的知識。

人際做派

① 重視獨立思考，面臨干擾與逆境時，習慣拉開空間，將人、事、物，及情感相隔離，以方便自己看格局、找機會、走策略。

② 深度的專注自我領域之中，認為自己強大的智力可以在別人的頭腦裡長趨直入，然而太強調自己的象牙塔邏輯，產生溝通迷宮，晦澀莫深的語詞讓人無法理解。

價值扭曲

熱愛思考，渴望專業，卻不與現實世界產生脈動，過度的謹慎行動，最後自己得到的僅是一個模擬的空想。

第6型
忠誠謹慎者

健康度良好

標竿作用

在團體中忠誠盡責任，考慮會面面俱到，尤其在風險管理上，做緊急應變措施是最擅長的。

健康度普通

性格「誘惑」

① 待人接物喜歡依循可信賴的規則，但就算安全時候，也會保持警戒的心。

② 相信群體的力量大於個人，願意與群體合作，不論順境或逆境都一起同舟共濟，衝破難關。

人際做派

① 盟友間的承諾視同契約，因此同仇敵愾，我方的信仰必然正確，堅定認為非我族類，其心必異。

② 看事情先找問題，以避免被別人抓到把柄，強烈的防禦性，容易讓自己在相反方向作過度的用力，把偵搜干預、查找問題，當作是自己實事求是。

健康度不佳

價值扭曲

強烈的不安全感，讓自己很難確認對方的敵友關係，因此反覆矛盾的觀望，不時的針對對方的動機投射質疑。

樂於嘗試者

健康度良好

標竿作用

品味生活立即行動，自娛娛人歡樂快遞，長袖善舞的開心果，有他們在的環境總是開心、歡樂。

健康度普通

性格「誘惑」

① 天馬行空的探索，好奇尚異、喜歡多元的智能發展，跳躍式跨界，創造生命中的驚喜。

② 不喜歡被框架束縛，拒絕限制，期待在生活中獲得滿滿的驚喜，魚與熊掌可以兼得。

人際做派

① 世界就是我的遊樂園，追求快樂的大腦喜歡以正向樂觀的態度面對世界，對於錯誤會酌情的合理化。

② 精力都放在追求外界的刺激，對新鮮感的需求反應過速。就如同再鮮美的食物，若是沒有細細品嚐，而是囫圇吞棗，都不能吃出它的美味。

健康度不佳

價值扭曲

邊際效用越來越低，什麼新鮮感都無法滿足要求自由狂熱的心，一味盲目而瘋狂地追求刺激，導致做什麼事情都變得虎頭蛇尾。

領導指揮者

標竿作用

追求不可戰勝的力量，一切我說了算，重視掌控大局的權利和資源，好主持正義打抱不平。

性格「誘惑」

① 在弱肉強食環境中生存，必須要取得獨立自主的條件，大器的領導風範，令四方望風來歸。

② 敢衝敢拿不畏爭鬥，卓識遠見放膽求勝。

人際做派

① 一山不容二虎，用死鬥的決心面對挑戰，宣示任何人都不能撼動我的主權。

② 失去對人性信任的力量，向外不斷膨脹擴張攻擊性，極度武裝自己，用威脅的手段讓別人聽命於自己。

價值扭曲

沒有以愛為基礎，只想以手中可支配的資源控制別人，厚此薄彼的守護附庸者，並將此範圍視為自己的王國領地。

第 9 型

平和謙讓者

標竿作用

為了維持內在的平和，天生喜歡皆大歡喜，因此與世無爭，崇法自然的天性，讓大家覺得寧靜而有安全感。

性格「誘惑」

① 看似居中無為，然事實上順從中道，積極關注各方立場，重視相處融洽，平易近人的待人接物，讓每個人都會願意為共同目標而努力。

② 以柔克剛調解分歧，因勢利導融合共識，凌虛運勁授權式領導。

人際做派

① 少就是多，化簡為繁，大道至簡，按部就班，心如止水。

② 一味的謙讓只為了保持心中的平和，在幻想式的安樂窩中，盡情的關注理想化的自己，將與現實脫離，耐心傾聽後，總是安慰自己看淡一切，這不是一種安撫人心的力量，而是麻醉自己的毒藥。

價值扭曲

為了人際關係的和諧，而樂於配合，情可犧牲自己的利益，將現實美化為一切都很好，然而當自己不受重視的情緒，因累積而爆發時，會「把別人都當空氣」，這是一種非暴力的不合作運動，是一種以退為進的攻擊方式。

性格精解

Personality Analysis

01

正確主義者
The Perfectionist

沒有最好，只有更好

☐ 用「正人君子」來形容我，認識我的朋友是不會反對的。

☐ 我覺得我是個理性的人，做事情條理分明，注意細節，但朋友會說我太執著，是雞蛋裡挑骨頭。

☐ 我很難放輕鬆，看到別人說笑話，有時候我覺得這樣是不莊重的。

☐ 我認為遵守承諾，做事嚴謹認真，是做人基本的品德。

☐ 很多事情如果我不親手做，我真不敢想像它會變成什麼樣子。

☐ 對就是對，錯就是錯，是非曲直在我面前是不容混淆的。

☐ 在得到別人認同之前，我會先自我要求，只是我不明白為什麼有些人的自我要求可以低得離譜。

☐ 我覺得肩膀上有很多責任，但是這些其實是別人應該做的。

☐ 我鄙視人性的墮落，例如貪吃、貪財、貪戀美色，我會刻意抵制它。

☐ 我希望我的愛人也秉持精進的處世態度，因此在他有錯誤的時候，我會積極的提醒他。

請自我檢視，試著對每項特質各別評分，再加總起來。

從不如此：0分／偶而如此：2分／有時如此：3分／經常如此：5分

總分是 _____。

🔍 小人物大特寫

　　有一位瑞士名醫，正在幫病人進行腹腔的開刀手術。

　　當手術接近尾聲，要開始縫合傷口時，新來的小護士竟然大膽要求醫生停止縫合。

　　在場的所有人都大吃一驚，難道手術過程中，發生了嚴重的錯誤嗎？這位世界知名的大醫生，怎麼可能會出什麼錯呢？更叫大家心裡犯嘀咕的是，這新來的小小護士，怎麼能當眾給名醫難堪呢？

　　原來，在她依照程序，檢查所有的刀器設備與醫用材料是否完整無誤時，她發現原來準備的 20 塊紗布，現在只有 19 塊，應該還有一塊在病人的肚子裡，沒有拿出來。

　　於是，所有人在手術台周圍尋找，醫生也在病人的肚子裡找了一遍，最後還是沒有找到那一塊紗布。

　　「縫起來，有事我負責。」醫生說。

　　「不可以，我們的確用了 20 塊紗布。」小護士嚴詞抗議。

　　「我全部拿出來了。」醫生嚴肅的說。

　　「不行就不行！我們一定要找到那塊紗布！」小護士絲毫不讓步。

　　這時，醫生露出微笑，拿出他偷偷藏起來的第 20 塊紗布，對小護士說：「妳到哪裡都會成功的。」

使命完美、追求卓越

Ⓐ 追求理想的烏托邦

當世界上，只有你一人明白萬事萬物正確的真理時，一旦遇上有錯誤事件的發生，你會選擇苦口婆心地勸告大眾，即使被嘲笑？還是將錯就錯，與眾人同醉呢？

當面對抉擇，性格健康度佳的第一型人連遲疑都不會遲疑，立馬擁抱正確的選擇，他們以理想、使命、原則做為人生的動力，堅持做好每一件事。他們胸懷正義，勇敢挑戰錯誤的權威，引領群眾邁向理想。同時他們以身作則，嚴以律己，追求柏拉圖的理想國「烏托邦」，這便是此型人格的典型寫照。

「芝蘭生於深林，不以無人而不芳；君子修道立德，不為窮困而敗節。」一個人不斷提高自我要求，確實是可能讓本性更接近完美，性格健康度佳的第一型人擁有天生高貴的靈魂，簡直就是天使一般的聖潔，他們相信真理，而且對道德秩序極具有信心，他們始終相信，真理的力量終會讓錯誤與邪惡回歸正確和正義的道路上。

Ⓑ 把每個小細節都做到滿分

健康程度高的第一型人，不僅僅注意細節上的細緻，對他們來說，最開心的事情，莫過於所有的人、事、物，都依照自己的完美理想方式。他們就如同孔子所說「知其不可為而為之」的堅持態度，就像瑞士小護士，即便是面對權威專家，或上級領導的錯誤，只要是他認為正確的事情，肯定一步不退。他們給人的感覺就像警察一樣，到這個世界的任務就是來改正人們的錯誤。

第一型人天生就是追求完美，大處著眼，小處著手，以身體力行的方式，從具體在生活中遵循著規範，把每個小細節都做到滿分，藉此向旁人展現什麼才是正確的做法。在稻盛和夫的六項精進中，我們可以體會出第一型人為打造完美人生所訂定的執行要則，只要徹底執行，離完美人格就不遠了。

稻盛和夫

27 歲時，創辦京都陶瓷株式會社（現名京瓷 Kyocera）。當時正值日本房產起飛期，很多人建議稻盛和夫投資房地產，但他沒有採用建議。因為他認為囤積房地產，無法為其他同胞增加絲毫利益，並不符合他自身「福國利民」的理想與目標，所以，他不炒房。

52 歲時，有感於市場上通信費用相當昂貴，他想要降低大家的負擔，把通信行業的利潤回饋給同胞，於是跨足通信業，創辦了第二電電（KDDI，在日本僅次於 NTT 的第二大通訊公司）。

稻盛和夫是第一型人的典型代表，他的名言是：「如果要尋求我成功的道理，也許就是這一點：我有一條單純而堅強的追求人間正道的指針。」

他的著作《活法》中提到，有「六項精進」是企業經營所必須堅持的最基本條件，同時也是一個人想擁有完美人生所必須遵守的最基本原則：

① 付出不亞於任何人的努力。

② 要謙虛，不要驕傲。

③ 要每天反省。

④ 活著，就要感謝。

⑤ 積善行、思利他。

⑥ 忘卻感性的煩惱。

在道盛和夫的六項精進中，我們可以體會出第一型人為打造完美人生所訂定的執行要則。

改善細節、精益求精

Ⓐ 超高標準

在第一型人的高標準下，人們多少都存在著懶惰、放任、粗心、幼稚、情緒化、不上進等等墮落的毛病，他們隨時都能看到現實世界充滿的偏差、失序、錯誤、不公正，小到一雙鞋子怎麼擺，牙膏怎麼擠，還是衛生紙一

次應該用幾張，大到我們生活和工作層面的壞習慣，組織紀律的不遵守，國家社會制度的不公平，都無法逃過他們嚴格的目光。尤其第一型人背負天生使命感，認為「天將降大任於斯人也」，人類迫切需要朝向良善、理想的生活修正，他們有責任指出其他人的錯誤。

Ⓑ 好，還要更好

好，還要更好。就是要不斷的精益求精。

商管業界寶典《A 到 A+》的作者柯林斯，與其研究團隊研究一個問題：優秀的公司是如何成為卓越的百年公司，這是否有規則可循呢？

柯林斯團隊從《財星》報導的好幾千家的企業中，篩選出前 500 大企業（從 1965 ～ 1995 年間），經過科學資料的對比，理性的分析，以及冗長的探討，最後得到的結論是，能成為百年企業的重要關鍵在於「態度，造就企業的高度！」

「好，還要更好」就是第一型人最基本的態度，也是企業邁向成功的第一步。第一型人認為把事情做到完美無缺就是「態度」，他們更會覺得自己責任要讓事情依照準則和真理變得更好，採取務實的行動幫助他人進步就是第一型人的處事態度。

人際關係的表現

人師身教、律己律人

Ⓐ 批評是出於愛的責任感

第一型人對別人的批評、教導，完全出自他們內心對於他人的愛與責任感。為了理想和使命，他們致力於改善。他們重視言教、身教，樹立榜樣，所有事都會以身作則，更會在要求

別人之前，先檢查自己的一切是否符合道德和規範。然後再去幫助別人，讓他人也能進步和完美。

第一型人樂意分享他的觀念和想法，並且親力親為的教導對方，就像一個循循善誘、諄諄教誨的老師，積極主動而懷具抱負，擁有強大的熱情來幫助世界、改變社會。

Ⓑ 不輕易讚美他人

第一型人有著強烈的「對正確原則的堅持」，他們在批評別人之前，會先檢視自己有沒有犯下同樣的毛病。所以當要求其他人的時候，他們覺得對得起自己的良心。第一型人先律己後律人，對自己也是高標準嚴格要求，所以大家對於他們的「苦口婆心」，也都敬畏的領受了。

每件東西擺在他們的眼皮子底下，永遠最一目了然的就是錯誤，第一型人很難讚美別人，因為自我批評讓他們都已經覺得大家都不達到標準了，更遑論要讚美要求不如自己的人，而且就算看到正確的事情，他們也不會想到要去表揚人，因為正確是應該的，既然是應該的，那為什麼要去表揚呢？因此，對第一型人來說，不開口批評你，就是一種讚美了，你就當成這是他們正在「一言不發」的表揚你。

他們總是不輕易表揚他人，所以作為他們的下屬，工作的成就感、價值感會少了些，辦公室的氣氛也會比較肅穆一點。

提醒第一型人的領導者，要調整自己，要會靈活，當你嚴肅不笑，同仁也不敢笑，若加上大家都得不到你的表揚嘉獎，那團隊士氣在哪呢？

第一型人格通常行事風格嚴肅，沒有笑容，總是面露認真表情。在他人犯錯時，第一型人格出於禮教，會忍住心中怒火，以至於臉色鐵青。

謹守原則，一絲不苟

Ⓐ 令人放心的金字招牌

　　第一型人謹守各種原則，站要有站相，坐要有坐相，工作要有幹活的樣，不能遲到，重視禮儀，尊重制度與標準，凡事按部就班。同樣的，他們要求同事、部屬，甚至上司一起遵守。

　　他們願意付出比別人更多的心思和時間，檢視自己與他人的工作結果，以確保毫無疏漏，在態度上認真無比。很多人認為凡事盡力就好，然而第一型人不只要求盡力，而是一定要盡全力做到最好，在在顯示出他們嚴謹的特質，第一型人就像一塊百年老字號的金字招牌，能讓人安心、放心。

　　第一型人格偏好素淨的服飾，藍白灰黑是他的基本色調，不喜歡太華麗的造型，髮型更是經年不變。

　　他們在衛生潔淨的要求上比一般人更高，有時候嚴重到潔癖，就好比人家碰到他的床單，他會換掉整組床罩。哪怕是一隻襪子，都是脫了就馬上處理，立刻洗乾淨，不可能放過夜。

Ⓑ 硬性標準容易導致人際關係摩擦

　　規章和紀律對第一型人來說，如同舞台劇的腳本，所有演員都必須按照劇本演出，台詞完整，時間精準，一切行禮如儀，行事如議，他們的時間觀念特強，跟他們約定時間，絕對不能遲到。第一型人都是按照時間做計劃，事先訂出一天活動的行程，每天幾點到幾點做什麼全列出來，每當完成一項任務，就畫條線把完成的部分槓掉，今日事今日畢，保證使命必達。一旦沒有這股認真衝勁，他便覺得人生沒有價值。

　　第一型人會設定清楚的標準，也重視做事規範和流程，善於歸納與分類，但是習慣依照前人示範，按照原有模式蕭規曹隨，過度遵守慣性影響下，容易導致第一型人倔強、應變彈性不足。

為人處事彈性不足有什麼壞處呢？影響的恐怕是人際關係，因為不管做得再好，高標準的第一型人總會發現可以改進的空間，而不管是對自己或團隊夥伴，甚至是上司長官，第一型人都覺得有錯誤應該就要立即改正，若是有人不配合，第一型人會先苦口婆心的勸導，倘若遇到團隊成員不認同，就會產生衝突。

很多人說魔鬼藏在細節裡。第一型人從小到大，考試九十九分是絕對不滿意的，他們非得使勁把那一分給找回來不可，但是我們知道，考兩個九十分所花的力氣，可能都考不到一個一百分，很多第一型人特別喜歡鑽到細節裡去，因為他們相信細節決定成敗，但是細節真的決定成敗嗎？是否有些時候，鑽到太細的地方去，有沒有可能反而忽略大局呢？管理學老師告訴過我：「品質和服務是不可以無限上綱的，因為它們叫做成本。」細節在成敗是個必要條件，但成功關鍵要素可能還有其他面向，例如士氣、速度等等，這些反而是第一型領導需要更注意加強的。

📖 雕刻哲學

有人問雕刻大師：「大師，您是如何刻鑿出這栩栩如生的『獅子』？」

雕刻大師：「獅子本來就在這塊大理石中呀，我只是將不屬於獅子身體的石塊鑿掉罷了。」

獅子身上多餘的石塊，就相當於第一型人眼中的錯誤，都是多餘而需要去除的，第一型人對於改革世界的殷切，就像雕刻大師得到一座樸質佳美的大原石一般，想要立即一展其鬼斧神工之技，雕刻師使用鑿刀和鐵鎚來雕琢藝術品，而第一型人則是用規章和紀律來斧正世界。

客觀評判，理性正義

Ⓐ 改變說話口吻

在第一型人的腦中存在一個批評者，不斷地告誡他們放縱慾望是會受到譴責的，墮落是罪惡的，他們遵旨行事，一生都奉行「存天理、滅人欲」，因此在理性自律與原始本能之間，他們扛著永恆的掙扎與壓抑，迴盪在聖與凡、道與欲、修與縱的界線上，生而為人，「堅忍」就是第一型人所認同的準則客觀性。

第一型人生氣時，常常不覺得自己在生氣，說話就像大人對小孩子訓斥的口氣，總是告訴別人怎麼做才會是正確的。其實，這正是第一型人對世界表達「愛」的方式，就是因為愛你，所以不希望你發生任何錯誤。但是在很多人眼中卻是多管閒事，沒事找事做。很多人會質疑，憑什麼由第一型人決定「什麼是對的，什麼是錯的」呢？

要改善這種衝突，第一型人要適度調整說話的口吻和態度。用和顏悅色、中肯的態度傳達中心思想：「完美雖然無法做到，我們卻可以盡量地接近它。並且有一個向上改善的態度，如此一來，每個人便會越做越好，直到最好。」這個道理人人懂，只要好好說，大家便能心平氣和地攜手，往完美的方向前進。

Ⓑ 說事實不要批判

當性格健康度下滑時，第一型人最大的人際衝突，來自於每個人對「標準的認知」不同，他批判自己，也會挑剔別人，達不到標準時，便會自己生悶氣，或是攬下他人的工作，把自己累得半死。

即使腦中批評者的指令告訴他們「生氣是不對的」，但腹中心能量第一型人，直接指導他們的是直覺，不是邏輯，不應視為

真正理性的理解，而是通過批評者的指令直接導入到行為的要求，第一型人認知它們為「操守」。這跟腦中心的思維能量喜歡思考不同，因此，我們可以說第一型人所認知的「理性」，其實是很情緒化的，他們一見人們觸犯他們眼中的低級錯誤，而且事後竟然可以無動於衷心中，就有怒火，但是又要壓著，「批評」是他們獨特紓解焦慮的方式，他們的目標不是讓你的頭腦明白什麼，而是指出的錯誤，讓你去改正。

要改善這種矛盾，在與人溝通時，應該純粹「擺事實、講證據」不帶預先批判的言語，很客觀提出目前所遭遇的困境，用人事時地物的純粹描述，邀請對方一同針對問題提出解決的方案。舉例來說，某某人總是上班遲到，不要直接責問對方「你為什麼遲到」，因為「遲到」這兩的字是形容詞，在下這個結論之前，你需要先提供人事時地物的佐證，「這星期一，你的打卡時間是9：32，星期三9：12，星期四9：45，依照公司規定上班時間是9點整，所以在這個星期你超過9點三次。」然後告訴對方這樣的行為讓你，甚至組織的困擾點是什麼，例如影響眾人觀感、影響管理紀律等等，再進行改善問題的討論和要求，若是牽涉重大或眾人的議題，甚至可以成為議案，公開透明地說明，讓全體一起討論解決之道。

如此一來，大家就不會覺得自己只是聽令辦事或者受到指責，相反的，大家會發自內心責任感的提升，這能收釜底抽薪之效，而不是霸王硬上弓，一廂情願地希望別人接受，若遇上對方不領情，不願意接受或配合，衝突就可能在這裡發生。

仗義執言、一字褒貶

Ⓐ 傾聽是邁向完美的基本功

唯有性格健康程度高的第一型人，才是一個「現實的理想主義者」，他們有份「知其不可而為之」的執念，明知道這些標準，誰也達不到，但他偏偏要做。這份堅持，造就他們的自傲。因為一般人還在原始慾望和衝動之中，靈魂是混沌、墮落的，可是他們已經走上認同理想、精益求精、力求完美的大道，自己是仗義執言，即便是自己還不能做到，他們也要根據正義之理提出這個最高標準，這個最高標準不是僅僅為了自己提出的，更是為大家提出來的。不知不覺之中，他們的姿態就比其他人高，他們自認為至少我已經是在被拯救之列，即使還不算到位，但至少我比你更加努力。

第一型人經常批評別人，但是對於別人的建議，卻常常「敬謝不敏」，這是因為第一型人自我要求高，對於他人的批評忍耐度低，萬一自己真的犯錯，他們有可能會不停抗辯，徹底否認。

我們要提醒，依義理行事，正直敢言的第一型人，「傾聽不同的聲音」是邁向完美的基本功。

Ⓑ 包容多元想法的重要性

健康的第一型人追求理性客觀，希望自己不會受到個人感情和欲望的影響，不希望感情和欲望，干擾理想世界的實現。

但當性格健康度下滑，用強烈意志，堅持內心道德的自制力不斷流失，直至喪失自我約束力，第一型人言行和思想開始失控，他們常常飄盪在放縱與約制之間，一邊倡導著道德的重要性，一邊卻又做出不道德的行為，過著為自己開後門的雙面人生活。

第一型人常常忽略了每個人都有強烈個人偏好的事實，即便擁有把世界變得更美好的善意，卻會失去了客觀性，失去了人情味，失去了眾人的支持，引發人際之間的衝突，終將演變成仇視。

我在這裡建議第一型人，九型人格各有各的生命軌跡，道德的價值不只是表面行為，更在於要發自內心去做如此才有價值，我們姑且不論人們心中想法是對或錯，正義或邪惡，但是應有包容體諒人的想法，勿以絕對的善惡二元論看待這世界，過度極端的一字褒貶將致使禮教殺人，寬容才是世界多元美好的關鍵，畢竟彩虹之美，正在於它的多色並存，世界之美，就在於多元共榮。

五大相處秘訣

01 自我提升：第一型人欣賞精益求精的人，人活著就是要不斷進步，也許他不會當場表揚你，但心裡面會認同你的做事模式。

02 態度嚴謹：第一型人處世的正確態度是謙沖自牧，他認為自滿自大、狂妄不羈的人是錯誤的。

03 直白了當：用最誠懇的態度以禮相待，但溝通的內容要準確及詳細，用邏輯的方法來表達你的觀點，不要繞圈子，要直接坦白，直指問題核心，不要讓第一型人覺得有什麼貓膩，不要嘗試耍手段操縱他們，讓他們知道你是可以信賴的。

04 注意細節：理解他們的挑剔，第一型人他們只是為了你好，是想幫忙而已。記得和他們約會，你一定要守時。他們通常外冷內熱，你要理解和包容他們的高標準！

05 知過改過：有問題就承認錯誤，坦白從寬，抗拒從嚴，一旦有錯誤，要立即改正，第一型人容易看到別人的錯誤，但他是善意的，解決這個問題最簡單的辦法，不是去指責或反駁，最簡單的辦法就是去改善。

如果你身邊有第一型人，這是老天爺派來的禮物，祂多麼希望你進步啊！沒有一件事情是偶然的，欣然接受這個禮物吧！

02

熱心助人者
The Helper

我是為你好

- ☐ 我和朋友常有大小聚會，朋友常常誇我是菩薩心腸的人
- ☐ 我無私的奉獻愛心，特別是那些我關心的人。
- ☐ 我的同理心能夠感知別人的情緒和需要，別人很自然的喜歡向我吐露心事。
- ☐ 我關心他人的需求，總是以別人為優先，自己的想要的需求很難向人啟齒。
- ☐ 和別人交談時，我會盡量坐離他近一點，甚至握著他的手，並且不時的以關愛的眼神看著他。
- ☐ 我知道怎麼讓別人喜歡我，我希望別人把我放在心上。
- ☐ 在朋友群中，我是一個不可或缺的人，他們不能沒有我。
- ☐ 我想要的，即便我沒有說，我的另一半也應該知道。
- ☐ 我不會宣揚我幫助了某某人，但是如果那個人沒有注意到我為他所做的，我心裡多少會有些不愉快。
- ☐ 我會因為我所幫助的人獲得成就，而真誠的感到開心與光榮。

請自我檢視，試著對每項特質各別評分，再加總起來。

從不如此：0分／偶而如此：2分／有時如此：3分／經常如此：5分

總分是 ＿＿＿＿＿＿＿＿ 。

🔍 小人物大特寫

　　A君素來以熱心助人著稱。有一天，A君與B君相約爬山健行。只見當天，A君揹了個大背包，B君心想：只是走個登山步道，有必要扛一個那麼大的包嗎？

　　原來大背包裡裝了：四瓶水（擔心B君沒帶水喝），兩條毛巾（已冰鎮），兩個飯糰，一個裝滿水果丁的保鮮盒，兩把雨傘，一瓶防蚊液、還有一條止癢軟膏。

　　B君心裡疑惑，這些東西用得到嗎？隨著山坡高度升高，氣溫下降，又有樹蔭，蚊子多了起來，冷不防地就看到蚊子正在叮咬B君，B君正想要一巴掌拍向蚊子，沒想到熱心的A君已經拿了防蚊液噴向蚊子了……。

　　B君：「防蚊液不是殺蟲劑啦！防蚊液是噴在人的身上，讓蚊子不喜歡靠近的！」

　　A君：「我知道啊！我就是要讓這隻咬你的蚊子……沒有朋友……。」

　　第二型人會主動關注朋友的需求，做什麼事情都會主動地為朋友多想一步，多帶一份。同時，第二型人希望大家都喜歡他，並獲得好人緣的美名，如果有一天，失去了朋友及其信任，對第二型人來說，是最痛苦的懲罰。

助人為樂，以人為先

Ⓐ 充滿愛心的人

我們常說助人為樂，但是其實上這句話是有前提的，試想一下，我們有時間的時候，自然樂於助人，但如果沒時間，你還會伸出援手嗎？許多人為了生計都自顧不暇，根本無心他顧，在這種狀況下，第二型人卻是會「擠出時間」來幫忙別人喔！快樂就是行好事的回報。因為第二型人總是心存善念，並且時時行善，因此在他人身上總是發散出令人愉悅的快樂光芒。

許多人抱持著「自掃門前雪、莫管他人瓦上霜」的心態，當遇上朋友來借錢，就算有錢，也不一定會慷慨解囊。但是第二型人的朋友，他們卻有可能向其他人借錢，把向別人周轉來的錢借你的。

第二型人的代表人物是陳樹菊阿嬤，因為默默行善，讓她從菜市場走上美國紐約林肯中心的紅地毯，從市井小民成為《時代》雜誌的百大人物，她被譽為台灣之光，如今有小行星以她命名，將讓星空更美善。

陳樹菊

陳樹菊女士，是台東傳統市場的一名菜販，靠著辛苦擺攤賣菜所賺取的收入，陸續捐助需要幫助的機構、圖書館。她每天都是從清晨工作到深夜，自己省吃儉用，不做多餘無謂的花費，就是把收入存下來，做為慈善支用。她說她這樣幫助別人，自己做夢的時候都會開心的笑！

她的義行有：

◇ 捐出父親留給她的遺產 100 萬元給佛光學院

◇ 捐出 100 萬元給仁愛國小，成立急難救助獎學金

◇ 捐出 450 萬元給仁愛國小，興建圖書館

◇ 捐出 100 萬元給阿尼色弗兒童之家，照顧弱勢兒童。（因為被倒債，原先準備要捐出的款項，一

Ⓑ **以人為本**

　　第二型人非常以人為本，在工作上，盡量營造友善的工作環境，在領導統御上，也處處為他人著想。他們把自己放到員工的位置上，看看大家有什麼需求，他們盡可能提供協助。

　　第二型人喜歡雙方的友情關係，認為任何目標設立和組織規定，都要以人為優先，因為只要把人的感覺顧好，事情才能做好。

　　所以第二型人當老闆開公司的，通常那家公司的福利會非常好，會幫員工考慮所有的問題，甚至第二型人的經理人，遇到事情他們會願意幫下屬扛。

　　榮獲「全美演講家協會影響力大師獎」，金氏世界紀錄的銷售人師，吉格‧金克拉（Zig Ziglar）大師說：「只要幫助足夠多的人達成人生夢想，你就能得到想要的任何願望。」（You will get all you want in life, if you help enough other people get what they want.）希望得到自己想要的，必須先幫助別人得到他們想要的，以人為先，這也是正是第二型人奉行的生命法則。

夕消失。為了實現她捐款承諾，她用保單向保險公司借錢，完成她捐助的美意。）

她是台灣之光：

◇《富比士》雜誌：亞洲慈善英雄人物榜（2010）

◇《時代》雜誌：最具影響力時代百大人物之「英雄」（2010）

◇《讀者文摘》：亞洲英雄獎（2010）

◇ 中華民國教育部：一等教育文化獎章（2010）

◇ 麥格塞塞獎基金會：麥格塞塞獎（2012）。在頒獎典禮後，她立即將獎金全數捐出。

◇ 台東縣政府：鹿林天文台發現的編號第 278986 號小行星命名為 Chenshuchu，即陳樹菊女士的名字英譯。

同理關懷，人脈平台

Ⓐ 給予安慰的同理心

　　第二型人無時不刻的關懷他人，並從言語交談中，迅速理解對方的感受，這種「感受別人的感受、能夠設身處地去體諒他人情感的特質」，就是同理心。他們可以很快的跟你情緒同步，當你開心時，他們陪著你一起大聲歡笑，當你傷心落淚時，他們也聽得梨花帶雨，他們的心真的很可以跟你連通，能夠站在對方的角度去聽，去看，去感受。彷彿就是一位同體大悲的菩薩，若是聽到不幸的消息，會盡其所能的幫助苦難中的人，給人安慰的力量。

　　因為專注他人的需求，造就了第二型人察言觀色的一流敏銳度，可以說是上帝賦予的超能力，因為有敏銳的察言觀色能力，使得第二型人在人際關係上所向披靡。在對方沒有開口之前，說出你想說的，甚至你還沒有想到的時候，他們都已經默默為你準備了，他們很有能力創造你心中的感動。

Ⓑ 豐富的人脈

　　第二型人喜歡被人需要的感覺，人際關係是他們生命的重心。因為熱情好客，他們的朋友廣布三教九流、五湖四海，通殺黑白兩道。正因為他們的人脈實力很堅強，自然具備強大的影響力。一個團體中，即便不是位居高位，也能一通電話搞定一切。在企業裡，善用人際影響力和洞察力的第二型人，常常成為老闆的心腹。

　　由於特別愛分享，此型人簡直就像一個綜合性質的專業仲介，常常互報好康，像是「要訂飯店？報我名字打對折。」「裝潢找小胖，拿我名片去，保證結緣價。」

　　第二型人特別喜歡人緣好的人，大家都有人脈實力，可以互相分享手上的資源，透過替朋友交流做些對大家有好處的事情，來鞏固彼此間的友情，和展示自己的人脈實力。特別還有些第二型人，喜歡給別人介紹男女朋友的，說真的，有的時候也真的讓人挺感動，因為他們真的把你提過的事放在心上。

熱心付出，溫暖體貼

Ⓐ 全能的愛心媽媽

第二型人就像個愛心媽媽，誰咳嗽了，他會變出感冒藥，誰傘沒帶了，他會生出許多愛心傘，大家都非常稱許他的熱心付出。

熱心付出是第二型人很明顯的特徵，他們主動幫忙別人，溫柔體貼，噓寒問暖等等。「愛」是他們給予大家的，同樣的，他們要的也是「愛」，不過這裡說的愛並不是指愛情，而是指彼此很親近的關係，把對方的需要和感受看得比自己重要，這種狀態才是我們在這裡所說的愛。

Ⓑ 渴望被愛

「渴望被愛」是第二型人的關鍵動機，他們在意的就是這種愛的關係，並且希望濃度越高越好，彼此的距離越近越好，因此他們毫不保留的把自己的心，貼近對方來獲得這份關係。

渴望被愛的同時，他們壓抑了自己真正的需要，害怕接受關愛，認為生命中的期待，有可能被否定，而這樣的困擾和矛盾主要來自兩個想法：（1）害怕自己自私，害怕如果自己顯得自私，占用了別人的資源，將無法得到別人的愛。（2）害怕別人懷疑自己的用心，認為自己只是為了得到讚美或回饋。

他們覺得其他人是強大的、會拒絕他們的，因此第二型人為別人服務，通過這樣的方法來對抗外在的世界。而且他們必須表現得非常好，這樣別人就不會拒絕他們了。

我們可以說第二型人和世界打交道的方法，就是用愛來控制這個世界，通過盡力迎合對方，來避免他人拋棄和拒絕自己。

梅琳凱·艾施

美國玫琳凱化妝品公司的創辦人玫琳凱·艾施的創辦理念:「你要別人怎樣對待你,你也要怎樣對待別人。」在這條黃金法則下,曾創造了年銷售額超過 20 億美元,擁有 80 萬名推銷員,在全球擁有超過 2000 萬名忠實顧客的成功企業。

第二型人非常體貼,所以玫琳凱化妝品公司連如何批評他人,都非常留意不要傷害到對方:

① 必須力求具體而明確,批評的目的是指出錯在哪裡,而不是要指出錯的人是誰。

② 在提出批評時,一定要先關心同仁,而且要注意方法,創造出雙方易於交換意見的環境。

③ 先表揚,再批評,而且不要當眾批評。

她們的培訓中還有一個很強勢的目標:「我們要滿足客戶所有的需要,即便是客戶動一個和我們競爭對手合作的念頭,我們都會覺得慚愧。」第二型人用給愛來控制世界,一旦你接受我的愛,你就是我的人了!

由這個案例中,我們對於第二型人思維,可窺知一二了。

無私奉獻,以德報怨

Ⓐ 以愛化解仇恨

「愛」是正面的力量,當第二型人發現自己討厭一個人時候,他們是不能接受自己有攻擊性的情感,他們會壓抑這種惡意攻擊的情緒,轉而以愛的正面方式將情感表達出來,此時的他們會感覺自己是偉大的、無私的,就像聖母、菩薩的慈悲為懷,甚至以德報怨。

他們特別容易發現別人的優點和潛力,他們發現了優點,又深怕對方不知道,就特別喜歡說出來讓人知道,所以會發現第二型人的嘴巴特別甜,他們很愛讚美人。

讚美是一種口布施，口說好話心慈悲，給人肯定鼓勵，散發正能量，更是代表個人的修養。只是不習慣被讚美的人，會認為他們在拍馬屁。

第二型人情緒智商很好，也很樂觀，但相對的，他們太重視人，相對於原則就不太重視，所以當發生人性和原則衝突的時候，第二型領導很容易地往人性這邊倒，導致管理下屬時，容易受情緒牽動。有回我問一位第二型的經理人說，如果兩個員工都跟你哭績效做不好，你會幫誰？

他說：「誰哭得慘，我就幫誰！」

第二型人正面積極，熱心助人，並且八面玲瓏地搞好人際關係，是想讓大家都喜歡他，覺得他是個善良的天使，與其他型號不同的地方是，一個人做件好事不難，難的是一輩子都在做好事，這是評鑑第二型人的金標準。

不過我們反向思考。孟子：「徒善不足以為政，徒法不足以自行。」人本的環境裡，領導者太容易在工作上過度偏重人情味，因而作出情緒化的決定，或者忽略作事的原則和規定，在組織行為當中，會造成決策缺乏客觀標準，也會讓員工無所適從，這對企業的經營來說，是會有致命傷害的。

企業或團體裡有好的初衷善念、道德理想、勸人為善，卻沒有完備的制度、規範、堅定的實踐決心，缺乏貫徹到底的執行力，則終將走不通。

勸人為善，還要用法治作為輔助。世界上沒有完美的個人，唯有透過自我覺察與調整，能夠讓我們發揮得更好。孟子說得很澈底。

Ⓑ 渴望對等的關心

雖然第二型人最怕的，是不被別人需要。如果有人需要他們的幫忙，喜歡他們的幫忙，對他們來說是很大的肯定與鼓勵。除此之外，難道他們什麼都不需要嗎？

性格健康度一般的第二型人，希望自己給人感覺是無私奉獻的，希望自己看起來是沒有需要的，但是事實上是當他們有需要的時候，會將自己的需求壓抑下去的，表現我是沒有需要的，但內心卻十分希望他人能像自己為對方著想一樣，也關注自己的需求。

性格健康度下滑的第二型人，會重視人際關係的對等，例如：你心情不好，我陪你喝喝小酒解愁，下回若是我有狀況，是不是你也願意陪我夜唱紓解情緒？這時的他們，如果發現對方沒有照顧好彼此關係，他們也許會在合適的時機，暗示你不夠意思，但是通常會以「對你更好」的方式，表達在他們心中感到的不平衡。希望自己給人的愛是無私的，他們抑制自己的需要和渴望，覺得自己有將愛傳遞的義務，甚至把自己的需求，理解成別人的需求。

> ### 📖 管理哲學
>
> 　　《與成功有約》作者史蒂芬・柯維（Stephen R. Covey），曾幫四位美國總統做過輔導，被《時代》雜誌譽為「人類潛能的導師」，並入選為全美二十五位最有影響力的人物之一。連俄國總統普丁讚嘆說，為什麼俄羅斯沒有一位像史蒂芬・柯維一樣的思想家。
>
> 　　《與成功有約》這本書被翻譯成三十八種語言，是史上最賣座的管理書之一，有許多大企業採用這本書做為培訓教材，課程遍及全球九十五國。
>
> 　　在本書中，作者用「感情帳戶」形容人和人之間的關係，感情帳戶裡頭的存款，會因為別人與你的互動狀況而增減，當一個人在待人處事上，能關懷別人、親切有禮、主動負責等，你在對方感情帳戶中的存款就會增加，獲得他人的肯定與信任；反之，背信忘義、自私自利，感情帳簿的存款就會減少。一個人在感情帳戶中存到很多錢，自然達成最後「公眾的成功」。

僵化的感情帳戶

　　第二型人在乎感情帳戶的存款，但因為情感無法量化，他們常常擔心：（1）每當對方向自己表達關懷時，我在對方的感情帳簿存款還夠嗎？一旦接受幫助，我會不會就倒欠了對方呢？（2）本意是為了維護雙方關係，最後卻變成

情感付出的競賽，深怕自己用光感情帳簿中的存款，也怕對方沒有跟自己一樣在努力存款。慢慢的，維護雙方對等的愛僵化，最後扭曲了愛的本質。

萬一對方的付出與期待不吻合，性格健康度下滑的第二型人，則會認為對方自私自利，不懂感恩，這將會對他們的人際關係造成負面影響。

輔助績優，間接索愛

Ⓐ 老二哲學

第二型人看人都是看優點，特別容易發現他人的潛力，他們信奉「老二哲學」，甘於當作陪襯紅花的綠葉，而且協助紅花開創大事業，相當於綠葉自己的成就。只要選定對象，他們絕對會盡心盡力的輔佐，直到成功。當然，他們會挑選較「績優」的，一方面成功率較高，對方一旦成功，自己也與有榮焉，另一方面，在資源有限的條件下，這也是一種聰明的配置。

Ⓑ 迂迴討愛

第二型人內心渴望別人也發出愛的連接信號，好讓他們感覺到自己是真正地被愛的、被需要的，所以他們想要的感覺，必須要別人給他們的，因為這種愛的表達不是直接性的，是間接性的，這種感覺無法自己直接去取得。

性格健康度下滑的第二型人，對自己的需要是壓抑的，是有著很多複雜的情感與動機的，他們只想要自己是無私的、良善的，如果我直接去求取需要的東西，潛意識裡我就會得到懲罰，所以當第二型人想要去尋求需要時，總是以刻意迂迴的方式。

性格不健康的第二型人是在索取愛，對性格不健康的第二型人來說，他們會希望愛是可以索取回來的，他們心想著：「我那麼的照顧你，沒有我，你哪裡有今天，你現在能這麼好，不就是我的幫助嗎？你怎麼可以不好好地報答我。」嘴巴上不說，但是他們會執著在別人的感激與回應上，這樣狀態下的第二型人其實是在討愛。

特權禮遇，盛情難卻

Ⓐ 佔有的欲望

有時候第二型人對我們的好，給我們造成很大的壓力，鞍前馬後的細心周到，逼到有時候我們還要閃躲一下，這股濃濃的美意，恰恰卻是一種沉沉的負擔。

性格健康度下滑的二型人，常會放棄自己原本的需求和喜好，盡其所能讓對方先得到滿足。他們希望對方感受到愛後，也能夠將這份愛回應回來，一旦沒有感受到回應，就越害怕是不是自己不再被愛，佔有的欲望就會在心中滋長，而且越來越強。

性格健康度下滑的第二型人會希望自己有某些辦法或能力讓朋友可以永遠需要他們，他們甚至會耍心機地創造別人的依賴性，希望成為一位永遠不可或缺的朋友。

Ⓑ 這是你應該為我做的

性格健康度佳的第二型人深信施比受更有福，所以他們願意犧牲自己的金錢、體力、時間，去幫助身邊需要的人。

性格健康度下滑的第二型人，因為愛的正面思惟，始終壓抑著自己的攻擊性，他們所隱藏的不只是負面的行為，更是道德的自我形象衝突。當他們愈來愈受傷，攻擊性的情感就會愈來愈強，再經過自我欺騙，轉變成「我這麼做都是為你好」的藉口來控制別人。例如，暗地裡依照自己的意思替對方事情給安排，實則是越俎代庖，想要讓人按照他們想要

的方式去做，一旦對方感覺被操縱了，在人際互動上就可能產生摩擦，但即便事情可能對別人造成傷害，他們卻相信自己完全出自於善意。

　　一般狀態下的第二型人對於自己的需求其實是難以啟齒的，但是在性格健康度下滑較嚴重的第二型人身上，我們會看到反差，他們會認為自己已經為別人付出了這麼多，自己提出需求的時候，一定是理所當然的，更有甚者，認為自己應該比別人更有資格享有特權。隨著他們的性格越來越不健康，這樣的自我辯解會愈來愈站不住腳。

五大相處秘訣

01　態度親切：第二型人的眼裡把人分善良的和自私的兩類，你是態度親切，善良大方的那一類人，他們就會喜歡你，跟你之間就會有比較好的溝通。

02　付出行動：愛的能量流動是相互的，你幫幫我，我幫幫你，這是一個良善的愛的循環。

03　察言觀色：他們重視快樂正面的感受，多觸及個人積極的感受，這會令他感到興奮。

04　以人為本：他們談論最感興趣的題材是人。欣賞他們的付出，並訴說他們在你心中的重要性，很多時候，我們都愛說對事不對人，但第二型人每件事都是對著人的。

05　表示感謝：不要輕易拒絕他們的幫助，如果要拒絕，前面一定要加一句「我知道你是為了我好」，但不要忘記要由衷地表示感謝，態度真誠而直接，告訴他們你對他們的謝意，最後提醒他們也要適切的關心自己。

03

成就追求者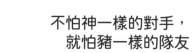
The Achiever

不怕神一樣的對手，
就怕豬一樣的隊友

最佳代表特質

- [ ] 我是朋友眼中的「成功人士」。

- [ ] 我這麼努力，就是希望最後的成果能換得大家的愛慕和掌聲。

- [ ] 我是公認的推銷員，說服別人對我來說不是一件難事。

- [ ] 大家都認為我很有效率，有時候為了快，我可以很彈性，就算有點犧牲原則、品質，甚至需要奉承，我都可以接受。

- [ ] 我覺得自己簡直是個工作狂，為了完成工作任務，我常常熬夜，甚至沒時間吃飯。

- [ ] 穿名牌讓我有自信，我會在眾人面前打理出自己最好的一面。

- [ ] 壓力是我自己給的，我追求的不是 100，而是 120% 的績效目標，因為這樣的成果才顯得出我的優秀。

- [ ] 我是個獨行俠，我不喜歡被團隊成員拖累，要跟我一起做事，你得要有兩把刷子。

- [ ] 對於我內心的情緒和感受，我常忽略它們，每每內心有低氣壓，我就會自己打氣：「我是最棒的」。

- [ ] 我喜歡贏過別人的感覺，但是還沒有把握贏過對方之前，我會冷淡的觀察一下。

請自我檢視，試著對每項特質各別評分，再加總起來。

從不如此：0分／偶而如此：2分／有時如此：3分／經常如此：5分

總分是 ＿＿＿＿＿＿＿＿＿＿。

🔍 小人物大特寫

　　學校例行競賽眾多，例如籃球、詩歌朗誦、大隊接力、啦啦隊等等，俞老師排定時間，要學生一次又一次的操練，比賽前總是聽到俞老師鼓舞著：「比賽，就是要得到冠軍，拿回錦旗，別無懸念！」

　　有一位家長，看到孩子課業壓力沉重，連休息睡覺的時間都不多，還要花精力去準備學校的各項比賽，於是向俞老師反應，是否可以不要那麼計較名次。

　　俞老師當眾對這位家長說：「學校透過一次次的比賽，為了是提高大家的榮譽心。精采的比賽，在於雙方絕招盡出，為我們展現訓練成果，拚盡全力是向對手致敬的表現，第一拳就被打倒的人，絕對無法贏得任何人的尊敬。競賽的目的，就是讓選手努力奪取冠軍，如果有人老是用『勝敗乃兵家常事』來安慰你，你真的甘心情願當一輩子輸家嗎？我們上場，就是要得分，我們一定要全力以赴，在賽場上與對手光榮對決。」這位家長被俞老師說服了。

　　大家常說：「不怕神一樣的對手，就怕豬一樣的隊友。」誰都怕有豬隊友，這個很容易理解，但是你真的希望有神一樣的對手嗎？在第三型人的想法裡，若沒有岩石的阻擋，怎麼能激盪起美麗的浪花？若沒有優秀對手的挑戰，那麼贏怎麼會有意義呢？

　　對手決定了你的價值！

模範榜樣，潛能激發

Ⓐ 特別重視工作效率

我們活在這個世界上，每個人都需要榮耀與價值，活出屬於自己的閃耀光輝，而這也正是第三型人的核心動力，第三型人就是要成為一個有價值的人，一個值得受人尊重、被人稱羨的榜樣。

在企業管理中，最重要的兩項評估指標就是目標和績效，有目標和績效的要求，才能讓組織與成員清楚的知道企業的期望方向和終點，值得一提的是目標和績效這兩項指標，簡直就是第三型人的生活焦點，他們特別重視工作效率，他們喜歡用最有效的方法，用最短的時間達成目標，當然，這個目標必須是要為自己帶來豐厚的收成，這些成果正是支持第三型人奮鬥不懈的動力。他們不但會定時為自己規劃衝刺的目標，在過程中還會不斷對照進度表，看看自己是否依照規劃進度的達成。第三型人希望能給他人正面激勵的形象，獲得他人的正面回應，他們的行動的訴求是希望能給人留下好印象。第三型人把精神花在把任務表現好，把份內的事做好，他們全然的相信是自己所做的一切能夠成功，而且具有價值。

Ⓑ 充滿正面積極能量

第三型人之所以成為大家的模範標竿，不一定是因為長得帥或特別美，而是因為他們把要「展現個人的最大價值」認定是生活的目標，他們具有強烈的企圖心和上進心，所以他們的生活態度相當正面積極，對於實現自我的動機十分強烈，他們特別願意學習，因為學習是自我增值的不二法門，唯有不斷的自我突破，才能激發出更大的潛能，所以第三型人很容易成為團體中的佼佼者。

第三型人優秀，充滿正能量，猶如一顆閃耀光芒的巨星，他們也樂於成為大家的模範和注目焦點，他們的自我意識可以從別人的欣賞中，得到滋養與認同，很多人喜歡接近第三型人，主要原因是人們喜歡向優秀的人學習。

　　第三型人是激發人類潛能的高手，他們相信注意力放在那裡，成就就會在那裡，尤其「自我對話決定你是誰」，簡單的說如果你想變得快樂，就要先停止去想那些會讓你不積極的想法，如果你希望變得有錢，你要下定決心，停止做那些會讓你變窮的事情。「境由心造」，他們相信正向的自我對話，便能達成願望。

📖 量子力學

　　《未來預演》作者喬迪斯本札是一位腦神經學醫生，在這本書中，他以科學的角度，告訴我們如何運用大腦運作，來實現我們所想要的人生。

　　書中結合最新腦神經科學和古老的靜坐智慧，為自己打開意識與潛意識的大門，並鼓勵大家大膽去改寫大腦慣性迴路，成為想都沒想過的自己。當意念與感受真正合一時，潛意識會發送訊息到量子力場，讓我們的意念，成為真實的生命經驗，使美夢成真。

　　用信念創造實境，力量就會在當下，敢夢敢想成為最棒的自己，這也正是第三型人的行動哲學。

　　你今天所想的一切，決定了你明天的生活方式。

傑出成就，專注目標

Ⓐ 愛表現的績效主義

老闆最喜歡第三型人的員工，他們特別容易成為績效的標竿，當大家看到設定目標，心裡畏懼挑戰的時候，第三型人已經全力以赴上戰場了。

當他們看到目標出現，愛表現的第三型人會很快就會跳出來的，他們不怕出頭，就怕出不了頭，他們喜歡張揚，為了生活他們就要贏，贏就要盯緊目標全力以赴。任務一交到手，一天二十四小時都在衝，他們可以忽略自己的感受，可以忽略人際關係，甚至身體的健康。我們發現很多第三型人的身體好似鋼筋鐵骨，從來不請假的，但相對一旦病了，肯定是個大病。他們知道要想達成目標，就必須犧牲一些東西。

他們有種獨行俠個性，一旦認可目標就會努力衝，也不會陷入在公司組織裡的勾心鬥角，因為他們的感受是淡的，一個勁專注的緊盯績效，所以第三型人在事業的早期衝刺階段，特別容易晉升成為領導的職務，是九型當中相對會比較早被提升上來的型號。

力求表現的他們喜歡張揚，做出來成果一定要別人知道，如果別人沒有看到，對他們來說是沒有價值的，他們喜歡活在鮮花和掌聲中，在絢爛的表揚中得到別人的認可，第三型人由此找到人生的價值。

Ⓑ 只要第一名

　　第三型人當領導有什麼好處呢？性格健康度佳的第三型人領導人，肯定是績效導向，一切拿績效説話，他們的領導風格是以成功激勵團隊，快速衝刺達成目標，而且很多第三型人的目標設定，通常不是老闆給他們原先所設定的目標，而是以 120% 的高度在執行目標，這就是他們成就總比一般人傑出的原因，因為達到一般的目標不見得能贏，他們帶領團隊的績效常有跨越式的前進，「第一名」是第三型人永恆不變的人生指標。

　　優良的績效管理系統，可以幫助企業實現高效運作。聰明而有效的做事的方法，一向是第三型人所高度推崇的決策準則，而挑戰機會、獎酬分明的屬性，這也正是第三型人最喜愛的工作環境。

📖 管理哲學

　　管理學大師彼得‧杜拉克（Peter F. Drucker）的著作《管理實踐》中，他提出「目標管理」是使組織和員工，把工作化被動為主動的一個很好的管理工具，員工既明確有高效地工作，也為績效考核制定出目標和標準，一切有了科學化、規範化的管理機制，組織則更能保證考核的公正、公平與公開。如果要落實到技術的層面，管理者必須學習並掌握 SMART 原則，並且讓每個人參與制定目標的過程。所謂 SMART 原則，即：

　①目標必須是具體的（Specific）

　②目標必須是可以衡量的（Measurable）

　③目標必須是可以達到的（Attainable）

　④目標必須和其他目標具有相關性（Relevant）

　⑤目標必須具有明確的截止期限（Time-based）

卓越速達，主動競爭

Ⓐ 只許成功，不許失敗

九個型號中個人榮譽感最強烈的第三型人，他們為了讓自己更出色，願意加倍努力來換取成功，就是所謂的吃得苦中苦，方為人上人，有些型號遇到失敗會哭天抹淚，甚至需要有人安慰情緒，但第三型人不會，他們跌倒可能連傷口都不擦，馬上爬起來，繼續成功，這是他們從小就有的模式。

性格健康度佳的第三型人，自我情緒管理非常好，失敗對第三型人來講，一般打擊不算是太大，一般小小的失敗，第三型人不認為是失敗，就如亞洲成功學權威陳安之老師說：「你沒有失敗，你只是現在還沒有成功，堅持到底，就會成功。」

性格健康層級高的第三型人會追求群體的共贏，但性格健康下降到一般層級的時後，他們會認為自己若是失敗就是對敵人讓路，不甘於平凡人生的他們，競爭意識是很強的，在機會面前從來都是當仁不讓的，這是他們「贏」的意識表現。同時，優秀的夥伴也會被設定成為第三型人所要超越的目標，第三型人堅持的目標就是：成為團隊中「最優秀」的人。

📖 **贏家哲學**

把「贏」這個字拆解出來，分別是亡口月貝凡五個字。

這五個字訴說了一個人要想贏過別人，應該注意這五個條件：

「口」代表要懂得如何用口才激勵

「貝殼」在古代是錢，現在代表績效、目標

「月」代表歲月，講的是時間管理

「凡」代表平凡的看淡情緒

「亡」是死的意思，必死求勝的決心

Ⓑ 實用主義者的友情關係

第三型人的人生緊咬目標不放，以必死求勝的決心，不吃飯不睡覺也要完成任務。就算娛樂也是為了目標，人際關係也是為了工作，和工作沒關係的事情，他們就不跟進了，比如說同學會。他們的注意力只有客戶，有時候你發現第三型人過去一直都沒理你，當你被他們認為是客戶的時候，他們又理你了，最後你發現第三型人所有的朋友都是他們的客戶。

為了得到大家的關注與激賞，第三型人會積極的帶領團隊，去承接更高難度的任務，但畢竟挑戰高端目標，完成艱鉅任務對很多其他型號來說，是很有壓力的，不適應高壓競爭的人，會覺得第三型人過度功利，沒有人性，把人當作棋子看待。

第三型人交朋友的時候，的確會把朋友的潛力做評估，這造成他們很難和人建立單純的友誼，但對實用主義者的第三型人來說，誰是朋友並不是很重要，重要的是要能讓自己成功，成功才能受到眾人的尊敬，結交能幫助他們贏的人，才是他們會追尋的積極關係。

善用捷徑，力求關注

Ⓐ 樂於學習和進修

第三型人是結果導向的，結果導向的人靈活性肯定很大，相信自己可以用最高效率的方式，得到最佳的結果，但過於追求效率第三型人，也容易在過程中產生人際關係的衝突，舉例來說插隊，健康度普通的第三型人是有可能的，因為只要差不多，可以快，他就快，其他的問題就先不考慮了。第三型人的自信來自漂亮而準時的完成任務，當他們急切要求產值以達成目標時，容易過度專注於速度的追求，難免忽略他人的感受，給旁人壓迫和侵略感，致使對方覺得不受到尊重。

學習可以累積實力，提高工作的效率，加快目標完成的速度，所以第三型人樂於學習和進修。「學之能用，用之能戰，戰之能勝」的實用訴求，同時為了整個團隊可以合乎躍進式的績效要求，第三型人也會督促團隊成員自我增值，參加培訓，然而每個人都有自己的人生進程安排，不間斷的要求激勵成長也可能會讓他人覺得壓力，因而造成人際關係摩擦。

Ⓑ 容易低估風險

性格健康度普通的第三型人講求效益，不會在細節上花太多功夫，能夠完成任務才是王道，為了達到目的，只要在不影響結果的前提下，即使必須犧牲點品質，遊走灰色地帶也無傷大雅，他們對錯誤的容忍度是比較大的，在不同型號的人看來，或許會覺得他們投機或現實，但這也是他們能創造高績效的原因之一。

我們同時也要為過度追求速度、只專注在機會面的第三型人做個反思，第三型人為了求勝，容易高估了自己的能力，過度低估了風險，只看到樹上的果子，沒看到地上的坑洞，衝刺百米速度跑過去，就摔到坑裡去了。他們沒有全面性思考，會容易高估自己的掌握度，而那個沒有考量到的地方，就很可能成為他們成功的阻礙。

自我提升的要點

適應力強，善於變通

Ⓐ 做什麼像什麼

第三型人是時代的產物，他們追隨時代，迎合流行，大環境崇尚什麼，他們總能在其中引領風騷，現實來看他們蠻時尚的，大多男的俊，女的美，但是第三型人的適應能力，可不是只有打扮的很漂亮。

性格健康層度普通的第三型人，看起來很完美，因為他們做什麼像什麼，讀書，就是大家眼中模範生，功課總是名列前茅；繪畫，就會是個得獎無數的畫家；演戲拍片，容易成為影帝影后；就連做清潔工，也是個被單位褒獎表揚的好阿姨。

　　所以第三型人在面對衝突問題時，會先忽略心中的感覺，保持理性，形象優雅的他們不會輕易得罪別人，想辦法展現出最佳狀態，讓一切回歸到處理問題的焦點上。而關於衝突的處理，第三型人似乎有看穿人們心思的天賦，很容易摸透對方的期待，加上他們迅捷的變通能力，能夠提出符合眾人胃口的對策，也能隨時因應需要，完美呈現各種令人讚賞的形象。

　　生物學家達爾文認為生存下來的物種不一定是最強壯，也不一定要最聰明的，而是最能夠適應環境改變的。九型中適應力最強的也就是第三型人。

Ⓑ 難覓真心

　　但要反思的是，性格健康度下滑的第三型人不斷的壓抑情感，透過適應別人的期盼，外在的推崇來確認自己的價值，於是配合演出的角色和真正的自我之間產生了巨大的分離，而要面對自己的真情實感，反成了他們最大挑戰，若長此以往，任誰也難以貼近他們真正的內心。

形象管理，自我行銷

Ⓐ 包裝出來的完美形象

　　性格健康度佳的第三型人，是受人羨慕、崇拜的，他們常是眾人的偶像，由於特別努力，而且專注目標，因此他們的成果總是鶴立雞群。而性格健康度下滑的第三型人，價值觀產生質變，擔心自己沒有價值，想通過創造形象把自己包裝出價值，此時他們重視「形象」勝過了「實

質」，想成為一個完美而優秀的人來吸引他人的注意，卻沒有真正去創造價值，而只是做秀包裝，虛榮的角色扮演。

性格健康度下滑的第三型人，不再關注自己有什麼實力，而是只關注別人期待他們成為什麼，此時的他們在自我包裝上很在意，就如同一個上市的商品，包裝的目的是讓商品的描述能更符合消費大眾的期待，所以第三型人喜歡用名牌、開豪車，住豪宅，因為他們要透過外在的裝飾條件來告訴大家，我是成功的，他們每天的出門都像在演出，用外在的包裝條件來催眠自己是個有價值的人。

Ⓑ 找回真正的自尊

第三型人在我們的生活中被廣泛的誤解，很多人對他們有道德的批判，認為他們是急功近利、虛偽造作、做事不擇手段等，事實上這些是性格健康度差的第三型人才會如此，過度的物質化，的確會給人感覺勢利眼，太喜歡吹噓，人情味淡薄，是他們人際關係不良的重要原因。

第三型人要去區分自戀和自尊之間的差異所在。自戀是自己沒有信心被肯定，如果不是建立在真實實力之上，那就是自我欺騙，天真的以為只要能行銷好自己的形象，就能成為一個明星，這一切卻都只是為了贏得讚賞的掌聲和鮮花，來拯救脆弱不堪自卑。

真正的自尊是知道自己的價值所在，這並不是因為我們去做了什麼事才有價值，而是因為知道自己有價值才有使命去達成任務，自性已與內在情感的連結，性格健康度高的第三型人是個出色的榜樣。

01 仰慕欣賞：與第三型人相處的第一件事情，就是要懂得如何欣賞他們的成就，第三型人完成任務的意義在於被人們看見，沒有被看見的成就是沒有價值和意義的，所以你對他們的仰慕有多高，建立友好關係的速度就有多快。

02 提高效率：第三型人大多都是急性子，做決定要快，做事也要快，與第三型人不論是要合作共事，談論的方向是如何達成共同目標，同時也需要高效率的配合，否則第三型人很容易失去耐心。

03 熱愛學習：為了提高做是的效率，也為了表現出自己熱衷向上提升的態度，更為了讓這些心思能被大家看見、肯定，第三型人喜歡出現在各種課程、讀書會，一方面透過學習提升自己的競爭力，一方面也展示他們有能力和預算參加昂貴的課程。

04 適度競爭：第三型人喜歡和自己能力旗鼓相當的人做事，不喜歡和弱者相處，他們和能力大過自己的人做事，一來可以享受競爭之後獲勝的快感，萬一沒有贏過對方，也可以把對方是為學習的對象，嘗試超越他們，真正是不怕神一樣的對手，只怕豬一樣的隊友。

05 正向積極：第三型人喜歡正能量，溝通時要把負面的詞彙換成正面的語言，把對過去的不滿，換成對未來的期待，這樣和第三型人就會很好溝通了。

靈感創造者
The Individualist

只有在痛苦中，
我才感受到快樂

- [ ] 看完悲傷、哀愁的戲劇，想到死亡、痛苦的情境，我常常沉緬在情節中，不出來。
- [ ] 如果我被誤解或批評，我會自己一個人生悶氣，誰都不理。
- [ ] 看到別人開心、歡樂，我有時會覺得他們的人生太膚淺。
- [ ] 別人容易因為我的獨特創意和深度涵義所吸引。
- [ ] 我覺得我是個悲劇演員，在人生這個劇場上不停止的演出。
- [ ] 尋常百搭的衣服我不穿，我穿衣服一定要有我自己的獨特風格。
- [ ] 太艱難的狀況，我容易崩潰，感覺不對，我就想放棄。
- [ ] 我會常常念想別人有，而我沒有的東西，有時候，我會想去找自己遺失的那一個部分。
- [ ] 我的伴侶要很明白什麼時候應該要緊緊擁抱我，什麼時候要自動消失，讓我獨處。
- [ ] 我願意付出任何代價，換得一個完美的心靈伴侶。

請自我檢視，試著對每項特質各別評分，再加總起來。

從不如此：0分／偶而如此：2分／有時如此：3分／經常如此：5分

總分是 _____。

🔍 小人物大特寫

　　一月的中國東北是旅遊的旺季，大夥一型人欣賞著滿天飛舞的雪花，聽著導遊小 M 的導覽解說，結合旅行車外頭的雪景，小 M 的眼神有些迷離，他說每每看到雪，他就會進入一種瓊瑤式的情境中，自己彷彿就是愛情小說中的男主角，在漫天雪舞的湖邊，披著一條淡藍色的圍巾，拿本書凝視遠方。

　　小 M 在導遊業界小有名氣，他特別喜歡開專案團。所謂專案團，就是一條旅遊線大概只走一兩次，就換地方了。他喜歡營造有特色的旅遊模式，大家都喜歡他所創造的獨特感，所以只要他組團，通常秒殺結束。

　　他說每次帶團，他會把所有身上的裝備都換新，衣服不用說，例如冬天用的圍巾、手套、帽子，乃至於背包、行李箱……，一切會被客人看到的東西，每次他都堅持要改變！因為他不允許自己「匠氣」。

　　最強調的是，他買東西最愛買獨一無二的特色款，他絕對不買萬用百搭的服飾，如果銷售人員跟他說「這件衣服全世界只適合你穿」，不管多少錢，小 M 一定買。

賦予意義，情感創意

Ⓐ 渴望探究生命的意義

D總，他是一位互聯網業界的翹楚，非常具個性化的審美情趣者，他國中沒畢業，但愛看文學創作，很會寫文章，寫的文章很值錢，自許有節操，智商高。他這樣說自己：「我是個冒充作家的人，對中國文字的駕馭能力是很強的，我強詞奪理、自圓其說的本事，一般人望塵莫及，所以別惹到我去罵你，我罵你，你受不的。」

他最愛做的事情是，有充足的時間遐想，他說：「當思考到一個高度的時候，它是個壁壘，我看事情的角度是尖銳的，我也這樣尖銳地看自己，但當我在這個狀態下找到自己的時候，我會感覺智商是升級的，特別的高，讓我奔跑的速度特別快。」

他的人生經歷有很多跌宕坎坷，遭遇各種生離死別，火災、坐牢、創業失敗，連國中畢業都沒有，提到這些重重的心理創傷，他卻說：「這些都是我生命的厚度。」對於金錢他並不在乎，認為如果用「賺錢」來定義人生，太單薄了。

「出現在我生命的挫折讓我活得比別人充實，我吃的虧比別人多，我走過的彎路比別人多，我的生命是用這種東西拉長的，因此，即便現在生命在此刻結束，我都沒有遺憾，不是因為我不珍惜生命，而是我人生的挫折，已經累積出足夠的人生意義了。」

他最羨慕賈伯斯（Steven P. Jobs），他認為賈伯斯思想的厚度，超過所有企業家的加總。很自在，很隨興，活得很自我。他製造產品的思路，是服務未來的。賈伯斯服裝不講究，但是他一亮相，整個世界為之傾倒。

問他如果人生有閒有錢的時候，最想做什麼？他說辦一個異人俱樂部，讓這個世界懂思想的人，愛想什麼，就想什麼，而我想保障他們的生活。

他提醒苦難中的人，不要沉迷，也不要放棄，不要把苦壓在心裡，去找朋友聊天，人生你需要一兩個能讓你在深夜裡流淚的朋友，把你的人生不幸告訴他，讓傾訴幫你做一點緩解。

第四型人是一個很獨特，很富直覺力，感受性很強的人。我們用一顆珍珠來比喻他們，他們能把身上發生的歷程和經驗，都轉化成美麗的結晶，即便那是一個痛苦而悲傷的故事。由於他們深深的了解如何觸摸底層的心靈，傾聽內在的聲音，探尋環境中的啟發，來開啟通往靈感的神祕之境，獲得創意空間的無邊無際。

第四型人領導最高的本事，就是感性強，他們希望自己做的每件事情，每天花的時間精力，每天與人交談的話題，都富有深刻意義，都能深入內心感受。我們發現第四型人的數理成績或許差了點，但是語文的表達總是特別出色，「多情自古傷離別，更那堪冷落清秋節。今宵酒醒何處，楊柳岸、晚風殘月」。他們善用五官感觸、獨一無二的思緒，為此情此景賦予屬於他們的意義。

Ⓑ 感性、直覺、想像力豐富

第四型人當領導特點，就是很感性，直覺很強，一旦碰上事，很快便能做出決定，而且往往是令人匪夷所思，拍案叫絕的決定。所以同樣是做一個方案，第四型人提出來的，往往是別人想像不到的一個創意，例如，賣狗糧食的方式，他們會說，我們在賣的是「誰家的狗生活比較有尊嚴」。賣衣服的方式，他們會說，我們在賣的是「一個公眾場合的焦點」。他們的思維方式不是銷售產品，而是銷售「場景化的感受」，以個性共鳴產生出市場區隔，所以在落實方案時，幾乎沒有市場的阻力，這是他很強的優勢。

我們常以獲利能力，或是股價表現來評鑑一個企業的優劣，但是如果我們要挑選的是企業受歡迎的程度，那麼將會轉而關注企業文化、信用和員工福利這些評比。在這方面，台南奇美集團是翹楚，也是第四型人領導風格的具體案例。

「賺錢」從來不是第四型人的首要重點，奇美集團的領導人許文龍重視創新，重視每個人的獨特性。他以創造幸福企業為理念，與員工互信，權力完全下放。他個人低調與不受拘束的自然天性，在在體現出第四型人追求真我與心靈感動的風格。

許文龍

走進奇美集團創辦人許文龍先生的辦公室，你會發現沒有精神標語，沒有績效報告，卻有各式各樣的樂器，秀雅而立。

音樂對許文龍來說，就像氧氣一般的不可或缺，他經常在家裡彈琴自娛。此外，喜歡藝術的許文龍，還會臨摹印象派名畫。他曾表示他最欣賞的人不是企業家，而是藝術家。看透生死的許文龍說：「將來如果我走了，不要為我造墓，辦一場音樂會就夠了。」

許文龍的幸福企業：

◇ 自民國 77 年起，率先實施周休二日制度
◇ 鼓勵員工珍惜家庭的時光
◇ 沒有勞資糾紛的紀錄
◇ 未曾因為景氣不佳而裁員
◇ 只要動機是為公司做出好產品，就算失敗了，公司絕對不責怪員工
◇ 鼓勵員工提出看法，進行各種創意的發想
◇ 因為彼此信賴，所以公文不用蓋章，也不寫報告，提高效率
◇ 興建免費博物館
◇ 資助藝術天分的小孩出國深造

追求獨特，探索缺陷

Ⓐ 敏感的直覺力

有人說第四型人的動態情緒，像極了萬花筒，不停的旋轉產生不同的觀賞角度，色彩落英繽紛，組合變化萬千。又有人形容第四型人就像一間情緒雜貨店，擺放著各式各樣的情緒，能遍嚐人間最纖細的情感滋味。

上天給了第四型人一種直覺能力，他們對萬事萬物都很敏感，他們可以了解人們是如何感受、如何思考、如何看待這個世界，甚至能入山識鳥音，近水知魚性，就像蝙蝠一樣能收到世界萬物的回音，從中汲取萬物對他們的信息。

第四型人領導者在性格健康的時候，對周圍的員工狀態很敏感。當下屬進來，頭都不用抬，就知道是誰來了，而且不用他開口，就知道他要談什麼。這就是第四型人的直覺力所在。在型號性格很健康的時候，對周圍的人員狀態很敏感。

Ⓑ 真誠、坦白的浪漫風格

第四型人一生都在找尋自己，堅持做自己，他們用最直接、最坦誠的自己，向世人表露最私密的真實情感，呈現出自我風格，不管體不體面，都不願意欺瞞、隱藏心中的脆弱，不希望自己戴著面具過生活，他們要把好的、壞的一切，全部向世人說清楚。這就是第四型人的浪漫。

誠實，是要付出痛苦代價的，畢竟誠實的情感，有時會令雙方陷入困窘，有時會引發別人的敵對、怒斥，所以不少人會勸第四型人不要那麼坦承，降低衝突。但是第四型人認為，誠實而有深度的情感是能經得起考驗的，更希望大家都可以像他一樣，用最誠實的情緒、最真誠的自己，來面對世界，他們認為這才是真正可貴的人性。

真實自己，品味神秘

Ⓐ 唯有獨特，我才存在

對於「美」，第四型人有著特殊的敏銳度，他們想要創造出有美感的東西，來彰顯自己的藝術氣質，包含裝飾擺設、巧思小品、穿著、音樂、飲食各種方面，呈現出個人的獨特形象，讓別人稱許他們的獨特風格以及創意成就。

健康度一般的第四型人，面對靈感的不可控制，會透過自己的想像力來加強他們的感情能量，讓自己生活的一切都圍繞在情感的氛圍中，不斷的用精巧而夢幻的故事，來為生命的歷程賦予極大的意義。第四型人認為唯有獨特，自己才存在，為了確立自我認同，他們必須不斷地持續運用想像力來地刺激其情感。

Ⓑ 與眾不同背後的疏離感

由於第四型人他們標榜自己的「與眾不同」，不走主流路線，不與其他任何人相像，其結果就是常常產生疏離感。這其實讓他們對情感產生了一定的障礙。第四型人會與人群保持距離，好讓他們梳理情感思緒，並加以自我保護。

在檢討會議上，第四型人有個比較特別的內在原因，就是他們有很強的自省能力，所以會很習慣的先檢視自己，所以有很多第四型人常在心裡抱怨：「為什麼這個世界總都針對我來？」但這其實是因為，他們檢視的是自己對每件事物的感覺，而不是關注外在的事實行為，這或許是慣性使得關注焦點不同，而產生自己與別人不一樣的結論。第四型人擔心別人無法理解自己的想法或表達，所以他們時常說要整理自己的感覺。

在處理事情之前，他們需要先處理好自己的情緒，先放縱自己情緒，就是任性一下，也無妨。他們認為這是為自己在真實世界中所失去作補償。

楚國第一詩人屈原堪稱第四型人的代表，他「嫻於辭令」、「博聞強志」，眼看著國力不振，民生艱困，雖然痛心疾首，卻又無能為力，他只好以詩歌來抒發憂國憂民的愁思。

屈原

　　屈原楚國第一詩人，早年受楚懷王信任，任三閭大夫，後因對秦政策與楚王不同，被流放到邊疆之地，長達十八年。

　　在這長久的十八年裡，屈原看著百姓疾苦，國力衰弱，卻又無力回天，只能用詩歌來抒發悲愴的情緒。屈原的《漁夫》是重要作品，表現出自己不見容於當道又不願同流世俗的心情：

　　屈原被放逐後，獨自徘徊在湘江岸，神情憔悴，邊走邊吟唱，身體枯瘦。有個漁翁恰巧碰到屈原，問道：「您不是三閭大夫嗎？怎會變成這般模樣？」

　　屈原說：「世人都混濁不清，獨我一人清白乾淨；大家都醉生夢死，只有我一人獨自清醒，因此我被眾人排擠了。」

　　漁翁說：「聖人的想法曠達，不會受限於任何事物的形式，所以能夠隨順著世間萬物機理而繞彎前進。既然世上的人都混濁，為什麼您不也一同翻攪沉積在水底的污泥，拍打水面的波浪？既然大家都喝醉了，您為什麼不也吃些酒糟，喝點薄酒？何必表現出高潔的思想與行為，而害自己被放逐呢？」

　　屈原回答：「我聽人說：剛洗完頭的人，會先彈掉帽子上的灰塵；剛洗完澡的人，會先抖落衣服上的骯髒物；怎能夠讓剛洗好的乾淨身子，去碰觸污穢的東西呢？我寧可跳進湘江裡，死在魚兒口中；怎能讓我的清白之身軀，去蒙受世俗的汙染呢？」

　　漁翁笑了一笑搖起槳，離開時邊唱道：「滄浪河的水清澈呦，我可以拿來洗帽帶呀；滄浪河的水混濁呦，我可以拿來洗腳呀。」

喜怒不定，情緒多變

Ⓐ 追尋不須言語的靈魂伴侶

　　第四型人只想做真實的自己，做自己就是勇敢表達當下的自己，不做掩飾，當下的感覺就是我，真實的我不是刻意的，刻意去做的都是假，太矯情，有刻意的目的就不是隨順自己當下的感覺，那不是在做自己。他們時時刻刻都在追問「我是誰」。他們覺得，其他人都沒有在關心自己是誰，每個人都只是活在一個設定的模板裡，活不出真正的自我。

　　不同健康層級的第四型人，會以不同的模式表達自己。性格健康程度中等的第四型人，以「自己的感受」來認同自己，例如，當自己文思泉湧，就會覺得自己是藝文的。當自己對音樂來興趣，就覺得自己彷彿是音符，能譜出世界的樂章。藝術、音樂、服飾、文采都是「美」，他們用美的東西來表達自己。

　　他們追尋的是靈魂的伴侶，在心靈深處與之連結，很多事情不用溝通，彼此便能心領神會。他們的靈魂伴侶，有兩個重要的條件：第一個條件就是要「懂我」，明白我的情緒，明白我的感動。第二條件是保留彼此的空間，因為第四型人有「做自己」的需要，他們沒有辦法為任何人改變什麼。他們會希望靈魂伴侶不是因為我是你的愛人而愛我，你愛的必須是單純而沒有身分的我。

Ⓑ 我是誰 vs 我不是誰

　　健康程度下滑的第四型人，會用「自己的思想傾向」來定義自己。當他們十分擔心在自己身上找不到穩定的自我認同，他們就從自己的思想傾向中，創造出屬於自己的自我認同。比如，我喜歡戴紫色的圍巾，我喜歡印象派的畫作，我認同靜心調息等等，他們會在個人的思想傾向中，創造一種自我認同，然後認為自己就是這樣風格的一個人。

他們常常為了維持自己某種風格形象，就會拒絕不符合自己設定的形象模式，例如我是個畫家，我不能穿西裝。一個有趣的觀察發現，這個階段的第四型人追尋自我的方式，不是說「我是誰」，反而是常說「我不是誰」，比如他們會說：「我不是你們認為的那樣」。他們不見得清楚自己是誰，但是他們卻知道自己不是那個風格，例如大家覺得這音樂特別的憂傷，但他們覺得聽起來卻很放鬆，全場的掌聲和歡笑，而他們卻感受到孤獨。

健康程度下滑的第四型人，為了強化自己與眾不同，會非常依賴外在物件來比擬自己，然後把自己放在那個角落。

自我提升的要點

主觀直覺，率真自我

Ⓐ 悲劇主角

舉一個例子，說明性格健康度下滑的第四型人，比如大家在 KTV 唱歌，輪到第四型人唱的時候，正好有人去上廁所。他們就可能賦予他一個負面動機，認為他去上廁所就是針對我，他就是不想聽我唱歌，第四型人感覺自己被拋棄了，他們把別人沒聽到自己唱歌的這樣事件，內化成五官感受，來給客觀的事件作詮釋，這就是向內投射。

為什麼第四型人不和那個人核實一下呢？隨著第四型人的健康層級下降，他們完全放任自己主觀的情感，認為他們所感受到的，就是真實的事實。他們常常給自己負面的自我暗示，他是自己人生的導演，以悲劇與情緒化的元素設計一齣劇，用想像力安排其他人的角色，就好像這些人正在配合他的劇本演出一樣。

ⓑ 深陷自我折磨與抑制悲觀的漩渦

有些人會納悶，為什麼他們總是那樣自顧自憐呢？關鍵在於他們讓主觀的情感去主導現實了。第四型人在平淡的幸福裡找不到感覺，他們就是想折騰，有些像無病呻吟，他們是在自我折磨。而這些內在情感表達起來又特別的複雜，所以，第四型人會覺得世上沒有人懂他們，有個關鍵就是，他們所講的那些事情，只出現在他們自己的世界裡。

他們深陷於自己的情感風暴當中，是因為第四型人常處於表現自我的需要與抑制它的衝突之漩渦中。當他們不斷地自我封閉，甚至與他人疏離，最後會被負面情緒打倒，他們會憎恨自己，也會憎恨那些讓他們感到失望的人。

他們常常拿自己的不足和別人的優點去比較，所以越比越悲觀，越比越消極，越比越覺得自己是不夠好的，造成了心理自卑、害羞。為了抵銷這些失望的感覺，他們遠離日常生活，運用想像力來使自己的生活變得可以承受，沉迷在他們的幻想當中，久而久之，不知如何處理實際事務，漸漸的他們覺得自己就像這個世界的局外人。

渴求關愛，考驗真誠

ⓐ 靈魂伴侶與不可能的任務

對於第四型人來說，除了常在想我是誰之外，還有一個經常在思考的問題：人與人之間的關係，是不是真實而緊密的，是不是可以無條件的？他們把太多的期待寄予他們的靈魂伴侶，他們希望伴侶懂他們，給他們空間，用心呵護他們，能幫助他們解決很多問題。第四型人很希望別人和他有共鳴，若能這樣配合，代表彼此有默契，心有靈犀一點通。

第四型人看她的靈魂伴侶，彷彿在觀賞陳設在珠寶店裡的鑽石戒指，當鑽石戒指陳設在的展架上，上方柔焦的鎂光燈，鋪墊上鵝絨的絹絲，映襯出這是一顆多麼絢麗的戒指啊，如果能戴在我的手上，那將會何等的美麗呀！但是當他把戒指帶回家，失去了周圍美光的照應，戒指瞬間失去了原來的光彩奪目，這種落差，會讓第四型人感到有些沮喪。

要找到這樣的靈魂伴侶是很困難的，甚至是不可能的，因為這樣的人根本就不存在，所以他們最終一定會失望。為了避免使自己失望，他們會到幻想的國度去追尋，強化幻想來粉飾現實。

Ⓑ 愛得風風火火，才真愛

實際上，世人對他們的誤解剛剛好證明了第四型人的獨特性，證明了他們是與眾不同的人，也就是說，受到誤解和與眾不同的自己，正是他們所設定要維持的形象。他們一則想擺脫，一則又享受其中。

第四型人在情感的世界裡，就喜歡玩這推推拉拉的遊戲。就是遠遠望去，這個人太好了，就是他了，他是我的靈魂伴侶。但走近一看，又沒感覺了，就轉身不要了。

或者是兩個人走到高峰的時候，第四型人感覺再往前走就是不美好了，那不如用我們的美好回憶，在這裡畫上休止符吧！一切就停在這一刻，所以他就遠離了，但是回頭遠遠一看，這真的是我要的，我不能放棄這段感情。第四型人就享受這種波峰波谷的折騰，當我們可以比第四型人還第四型人的時候，他們就會覺得，你就是我的靈魂伴侶。

01 獨特創意：稱讚他們富有創意和獨特的眼光，欣賞他們的觀察能力。

02 理解包容：接受和認同他們的感覺和情緒，要去懂他，理解他，讓他們感覺到你的支持和對他們的在乎。有人說，你如果這輩子沒有和第四型人談過戀愛，那你這輩子不算談過戀愛，但也有人說，如果你跟他們談戀愛，那你就再也不敢談戀愛了。這說明，在我們生命當中第四型人代表劇烈的內心情感體驗，如果要跟她們相處，理解包容非常重要的。

03 真實自己：如果沒有真實，一切等於沒有意義，如果我們虛假，第四型人一眼就能看出來，他們希望有個真實的人生，也渴望和他們互動的人可以堅持做自己。

04 深度情感：他們很敏感，喜歡看到內在的東西，能看出物件深度的情感，討厭膚淺，不喜歡大家一眼看得到的東西。

05 保留空間：每個要做自己的人，都需要屬於自己的空間，不要去干擾他們的情緒及私人空間。

博學多聞者
The Investigator

知識吃到飽

最佳代表特質

- [ ] 我不喜歡情緒化的人。
- [ ] 當我被問到膚淺而籠統的問題時，會很懶得回答。
- [ ] 我喜歡研究宇宙、科學、哲理，探索新知奧秘，吸收新知識是我生活中一等一的大事。
- [ ] 我對物質生活的要求不多，簡單方便就好，為這些小事花腦筋是浪費時間。
- [ ] 我重視隱私，喜歡獨處，我不太和人有頻繁的接觸，也不喜歡讓人了解我的世界。
- [ ] 社交活動對我來說是災難，粗淺的客套寒暄之後，不知道要聊什麼。
- [ ] 我的聊天，其實本質上是有價值資訊交流，在我所知的領域中，我可以做很好的闡述發揮。
- [ ] 我通盤掌握狀況才會下判斷，關鍵在釐清元素之間的脈絡運行關係。
- [ ] 我擁有旁觀者視角，很多別人認為理所當然的事情，真正情況並非如此。
- [ ] 我的朋友說我是宅男（女），要多接觸外在世界。

請自我檢視，試著對每項特質各別評分，再加總起來。

從不如此：0分／偶而如此：2分／有時如此：3分／經常如此：5分

總分是 _____。

📖 愛情是什麼

重視事物本質和規律的第五型人，認為愛情就是一堆分泌物：

（1）愛情第一部曲，第一種分泌物：苯基乙胺

當心動的異性出現，大腦分泌出「苯基乙胺」的物質，你的愛情就有戲了，因為只要你的腦中有足夠多的苯基乙胺，就會有一種「來電」的感覺。它會讓你呼吸和心跳加速，手心出汗，臉頰漲紅。巧克力含有很多的的苯基乙胺，所以送情人巧克力，是有科學依據的。

（2）愛情第二部曲，第二種分泌物：多巴胺

熱戀中的人，大腦會分泌「多巴胺」，會讓雙方樂意做任何肉麻的事，就如鄭愁予的詩《小小的島》：「我便化作一隻螢火蟲，用我的一生為你點盞燈。」

（3）愛情第三部曲，第三種分泌物：去甲腎上腺素

第三種愛情物質，叫做「去甲腎上腺素」。就是這種物質，讓戀愛中的人，總是怦然心跳、小鹿亂撞。

（4）愛情第四部曲，第四種分泌物：內啡呔

讓情人保持熱戀的，主要是苯基乙胺，但是最多只能維持四年，平均是 6-30 個月。當情人交往進入穩定期之後，便會分泌「內啡呔」。內啡呔的效果近似於嗎啡，可以降低焦慮感，讓人有安逸平和、溫暖親密的感覺。婚姻生活中的和諧關係，端賴於此。

如果有人的大腦沒有辦法分泌足夠多的內啡肽，使自己感情安定下來，那麼，他們很容易在「熱戀、分手」中不停的輪迴。當其中一人遇到其他心儀異性的時候，苯基乙胺的分泌量高於內啡肽，就產生了婚外情。

（5）愛情第五部曲，第五種分泌物：後葉加壓素

第五種愛情物質是後葉加壓素。令感情升溫的化學物質隨著時間逐漸消退後，就相當於是過了愛情的熱戀期，人會失去對愛情的興奮感，不過取而代之的是情感的依附期，這時候分泌的後葉加壓素是形成成熟兩性關係的化學物質，也是強化情感忠誠度的關鍵激素。

苯基乙胺使人心動，促使雙方墜入愛河，多巴胺強化安全感和歡愉的氛圍，讓雙方更為認定，去甲腎上腺素會讓戀愛的人產生心跳加速的心動感覺，內啡肽能夠使雙方維持幸福感，後葉加壓素則是穩定情感忠誠度的關鍵激素。對第五型人來說，愛情不就是幾種化學物質的變化而已。

藉由「愛情是什麼」來呈現第五型人對的本質和規律會如何思考，他們看事情不看表面，不看人能感知到的部分，而是看背後最核心的原理是什麼，這就叫做本質和規律。

蒐集資訊，觀察準備

Ⓐ 以上帝的視角，洞悉一切

微軟創辦人比爾·蓋茲（Bill Gates）是第五型人的代表。在1999年，他出版《數位神經系統：與思想等快的明日世界》（*The Speed Of Thought：Using A Digital Nervous System*）一書，大膽預言十五項事件。十九年後的今天，這些預言一一都成真了。

第五型人對未知的事物都很好奇，是最為敏銳的型號類型，第五型人總喜歡以旁觀者的角度，觀察這世界的一切，他們常常思考這個世界的大問題，這些問題可能大到是全宇宙的、世界性的、全人類的，比如這個地球出現了核武器大戰、大溫疫、行星撞擊、或者地球也有壽命，那我們該何去何從？在他們描述這些事實狀態的時候，態度總是理性冷靜，語氣聽起來平鋪直敘而帶有邏輯性。

有時候他們就像個先知一樣有預見的能力，憑藉聰敏的目光，能遠見著實，總提萬物的核心奧義，結合已知的知識，用理性的邏輯思維去揭露客觀事實的面紗，在從別人看似模糊而雜亂的現象，找出事務最根本的原理或成因，從中發現事物潛藏的相屬規律，建立彼此之間的連結關係，使新發現與已知的結構互相關聯，完美合一，這些不會被傳統所束縛的創新價值和發明精神，常常成為後人學習的新知識。第五型人也常常成為某個領域的專家。

Ⓑ 私密主義的旁觀者

第五型人為了思考，為了保證自己能夠看明白、看清楚，所以會保持觀察的視角，會把自己從人群當中抽離出來，正是「不識廬山真面目，只緣身在此山中」的意涵。為了求得真知，第五型人就會用這種旁觀者的身分來看待事件。

他們的面前彷彿就像有個玻璃牆，他們是站在玻璃牆看世界，自己可以看到外面的世界，但外面世界的人不能看到自己，他們不喜歡別人看見自己，在人群中他喜歡躲在一個角落，他們會把自己保持在人群之外，所以第五型人也叫做隱藏者，也叫私密主義者。

代表
人物

比爾‧蓋茲

比爾‧蓋茲（Bill Gates）在《數位神經系統：與思想等快的明日世界》一書中，認為下列項目將登上世界舞臺，而且與人類的生活息息相關：

① 比價網站
② 行動裝置
③ 網路上就能付錢
④ 物聯網
⑤ 線上家庭監控
⑥ 社群媒體

⑦ 自動提供促銷優惠
⑧ 體育賽事即時討論網站
⑨ 智慧廣告
⑩ 直播節目
⑪ 網路討論區

⑫ 粉絲團
⑬ 專案管理軟體
⑭ 網路徵才
⑮ 工作外包軟體

精準定義，相屬規律

Ⓐ 重視本質與規律

第五型人彷彿是拿了顯微鏡在觀察這個世界，他們對世界充滿好奇，沒有什麼事情能躲過他們的注意，他們專注、系統性、全面的去觀察，討論現象背後如何相互聯繫、如何構成模式，隱含的意義為何。

第五型人最重視本質與規律，一旦有了新的目標，便會見獵心喜、窮追不捨的投入到更深的探索中。這些渴望，引領著他們往更突破性的新知和嘗試前進，驅使著他們立即行動。無論他們已經獲得許多知識，他們依然希望能追根究底，想多瞭解一些。所以第五型人叫做理智型、知識型、思想家型、科學家型。

第五型人喜歡研究大的災難性問題，面對環境中不可預知的潛在威脅，相對體現出人類的渺小，他們覺得無力保護自己，而產生恐懼，而對未來產生焦慮感。

史蒂芬・霍金

他是英國理論物理學家，生前任職劍橋大學理論宇宙學中心研究主任。終其一生思考宇宙的本質，霍金（Stephen W. Hawking）有關黑洞和宇宙起源的研究，為他贏得了全球聲譽，他熱衷於發明新理論、不怕犯錯、大膽假設，是一名藐視權威、不拘小節的學者。霍金是第一個提出由廣義相對論和量子力學聯合解釋的宇宙論理論之人。他是量子力學的積極支持者。

霍金也堅信「外星人真的存在」，曾多次警告人類。他多次表示「宇宙中有外星人」的理論，認為現在生存在地球上的人為了發展，不斷向外太空尋找外

網路資訊是世界送給第五型人最棒的禮物，網路上動動滑鼠，可以下載無窮無盡的知識，簡直就是資訊吃到飽，他們會花很多時間觀察、提問、思考、探索，並且將學習心得與過去實際經驗互相連結，產生新的發現去建立原則。

他們熱愛閱讀，學習像吃飯一樣，甚至是更重要。第五型人一看到他們喜歡的研究目標，就會發揮打破砂鍋問到底的精神，澈底深入思考其中的前因後果，這讓他們感覺特別充實。

在過程中，他們喜歡一個人探查究竟，過程中無需他人的支持或注意，並不會因為別人是否關注或理不理解自己，而去降低這份執著。他們工作地點常常是學院裡，在 IT 產業面對電腦的也多，他們喜歡比較不用和人打交道的行業，第五型人是熱愛資訊，但人際關係就淡了點。

星生物是很危險的行為，萬一被發現外星人發現地球的存在，外星人可能會到地球「殖民」，因而帶來殺戮，因為外星人只想要掠奪資源，可能不帶善意，因此人類不應該把外星人想像得太美好。

科學家史蒂芬・霍金，20 世紀當代最偉大的物理學家之一，也是典型第五型人的代表。

掌握知識，刨根究柢

Ⓐ 飛梭式思考，讓人望其項背

值得第五型人要特別注意的地方是，他們習慣獨自消化大量的資訊，再從繁瑣綿密的信息中找出行動方案，這樣的運作模式雖然常帶給他們思想上的驚喜，但當進行團隊工作時，第五號人的飛梭式思考縱橫交錯，讓一般人不容易跟上腳步，同時，因為他們給予別人獨立思考的空間，只提供足量的資訊讓對方思考行動方向，不會直接的給予指示，當大家長久無法捕捉第五型人敏捷的思緒，而他們沒有做足溝通與說明時，人際關係的障礙便逐漸形成。

Ⓑ 鼓勵突破，創造新意

第五型人的領導，喜歡鑽研在自己的技術領域裡，技術技能常常是最強的，團隊裡誰都沒法做得比他們好，但是他們不會限制大家創意發想和執行模式，他們習慣將系統性的大方向昭示出來以後，就讓大家各自發揮，甚至鼓舞大家不要墨守成規，要打破窠臼，要創造新意。而精於系統性思考的他們，也常充分掌握事物的本質與規律，因此戰略佈局思維極佳，會把能動用的資源及瞬息萬變的資訊，快速地提供給相關成員，使得每一個人的產值發揮可以最大化，夥伴們也十分樂於跟隨這樣學識淵博的領導，因為他們簡直就像古代算無遺策的軍師，能運籌帷幄決戰千里之外，第五型領導就是擅長看格局、找機會、走策略。

獨立思考，尊重空間

Ⓐ 用學習，轉移對人際的恐懼

第五型人特別需要獨立的空間，用與世隔離來形容第五號人，說得他們好像遺世獨立，離群索居，不過雖然他們仍然生活在城市之中，但是在生活型態上來說，他們的確比較喜歡獨處。在心境上，他們也不喜歡被打擾，同時也擔心自己是不是能被其他人接納，人際關係的活動對他們來說，簡直是災難。

第五型人不善長人際關係，他們將內心的恐懼轉移到學習和思考上，並且會對自己說，我一定是學習還不夠澈底，才會對人際關係上的互動無所適從，才無法被他人所接納，只要能精通於某樣知識，就可以解除內心的恐懼。為了避免被不預期的人事物干擾，因此第五型人會投入更多的精神去探索與研究，並減少與他人互動。

Ⓑ 隔離情感，在自己的絕對場域中稱王

隔離情感、逃避情感，使得第五型人能夠解答複雜的邏輯問題，卻拙於應對生活中的情緒感受，社交關係的情感連結會讓第五型人感到壓力，他們害怕坦露自己的個人情感，也害怕面對別人的情緒起伏。他們也不願意被授予權力，因為權力等同於責任，承擔責任代表你得要為別人收拾爛攤子。

第五型人紓壓方法之一，就是把自己藏起來，在這個絕對屬於他們自己的獨立空間裡，充分掌握思考的獨立、空間的獨立、時間的獨立，在這個場域中，他們才有充電的感覺。

他們在腦中創造出一個屬於自己的知識世界，試圖從中找回掌控權。他們藉由躲在知識洞穴來迴避各種情緒問題的，躲起來就不

用面對，但是這樣的人際處理模式，會帶給身邊的人孤僻和漠視的感覺，或許他們的原意不是要拒人於千里之外，但是這樣的氛圍卻濃濃的顯露出「請你離我遠一點」的訊號。

他們最受不了別人突如其來的要求會面與工作侵擾，時間和空間的獨立性就像他們私人的城堡，不希望被打擾，不讓人靠近，遇上有什麼事情需要溝通的，他們會希望別人寫發短信，或 E-mail 來就好了，看郵件、回覆郵件都需要思考，他們想好的就會回覆。

第五型人算是慢熟型，人際互動上相對少一些，甚至人際關係對第五型人來說是一種負擔，在團體裡相對會孤僻，喜歡獨處。他們回答問題前會沉思，平常說話也少，為了看事情透澈，情感反應偏慢，注意力都在資訊點上，人情味淡了些，你得在智慧的水準上能和他們差不多，這才能與第五型人擦出火花，他們只要他開口，就會直指核心，而且語驚四座，因為大家都沒法想到事情可以有這麼深層的聯繫，他們竟然可以把事情分解得這麼透澈。他們的眼神有點沉默疏離感，但是一旦談到他們的專業領域，一下子眼睛就發亮，他們的氣質通常平和儒雅，冷靜淡定，這種氣質其實也很迷人。

專注領域，邏輯迷宮

Ⓐ 與現實世界脫離的象牙世界

性格健康度下滑的第五型人，覺得自己的思想非常有深度、非常高明，自己就是專家，常常不屑別人的意見，認為別人的思考都過於情緒化或太膚淺了。問題的，他們太強調思考的重要性，花很多的時間思考，卻不願意拿到現實世界去檢驗。

他們用自己的思想去挑戰別人，去征服他人，有時候這是一種詭譎雄辯，同時也是一種洗腦工程，他們的態度非常強硬，也非常有力量，常常把別人駁的體無完膚，顛覆別人已經固有的信念。

Ⓑ 卡珊卓拉的詛咒

希臘的神話故事裡，有一位卡珊卓拉（Cassandra），她是特洛伊的女祭司。太陽神阿波羅看見了卡珊卓拉，便深深的愛上了她，為了追求她，阿波羅賜予了她預知未來的能力。然而，卡珊卓拉依然拒絕阿波羅，惱羞成怒的阿波羅對她下了一個詛咒，就是讓人們永遠不會相信她所說的話。

這樣的詛咒註定她所知道的真相，卻永遠無法讓世人相信，她預言木馬將被迎進城內，特洛伊城必遭突襲，但卻無人相信，她雖然知道一切，但無力阻止悲劇的發生，特洛伊就這樣滅亡了。

對第五型人來說，自己彷彿就像被詛咒的卡珊卓拉，雖然擁有無比浩瀚的知識和洞若觀火的能力，擁有上帝的視角與先見之明，卻總無法讓周邊的人理解自己。這是因為他們總是隔離情感，逃避人際關係，導致社交障礙，不容易被大家接納。如果不想成為大家眼中的瘋狂怪物，第五型人勢必要在人際關係下功夫。

渴望專業，謹慎行動

Ⓐ 真正落實比空想重要

我們要提醒熱愛思考的第五型人，強大的思考力必須要在與現實世界保持同步的脈動下進行才是具有意義的，也就是第五型人所思考的一切，必須要回到世界真真實實的進行體驗與實踐，而不能讓自己活在概念或者解釋的層面上，舉個例來說，游泳的學習，就必須換上泳裝在游泳池裡練習，而不是用頭腦研究手如何擺置定位，腳如何踢腿打水，那些僅通過觀察別人和心智空間的模擬，沒有真實地進入游泳池實際操作的，得到的只是游泳概念性的理論，這樣無法真正的學會游泳。

Ⓑ 理想與落實的配合，才有真正功效

健康度下滑的第五型人只相信自己的強大的頭腦，造成這個世界所有的一切都在他們的心智領域裡面加工，最後自己得到的僅是一個模擬的空想，那並非是真實的世界。所以前方衝刺和第五型領導人可能有點遠，他們是思考型，可以考慮全面，但是侷限是想過了，就會當是做過了，行動上沒有那麼多的自發和主動，所以第五型領導人想的是很多，但是落實方面，則是要上下級的配合，要實際操作的下屬去搭配。

01 高度智慧：知識是力量，一個第五型人送書，送知識代表他們在表達善意。與第五型人的互動，首先要高度的欣賞他們的智慧。他們擁有感知力、洞察力，要和他們對話前，最好也提升下自己的知識水平，才能激盪出燦爛的火花。

02 理性客觀：與第五型人交流不能主觀的臆斷，必須要提供客觀的事實佐證，並整理出邏輯性觀點來支援論述，只有客觀，才能進入他們的頻道。

03 包容優越感：直接而具體的讚美他們，但要包容他們知識分子的優越感。

04 尊重空間：給第五型人獨立而自主的空間，這樣他才能活得自在，反之他會在壓力狀態，撐不了多久他們就會避走。

05 鼓勵行動：唯有行動才能證明思考的正確，一次又一次的正確，將帶來下一階段的智慧升級。

忠誠謹慎者
The Loyalist

懷疑你是為了相信你

☐ 我認為槍打出頭鳥,做事情走中間路線比較安全。

☐ 做決定的時候,我喜歡參考我信賴的人的意見。

☐ 我信賴已經成為定律的事實,對於還沒有很靠譜的新知識,我不會採納。

☐ 我認為我有「決定恐懼症」,因為我做決定的時候都要考慮很多,想很久。

☐ 要讓我相信一個人,通常需要花很多的時間觀察,但是如果我已經認可的朋友,我很交心。

☐ 當遇到外來的危險,我會和夥伴心連心,體連體,同舟共濟,此刻的我比任何時候都感到有力量。

☐ 我常會把事情假設為最糟狀況,來做模擬應對,但朋友說我杞人憂天。

☐ 我的腦中總是充斥著各種危機畫面,但是當危機真正發生的時候,我反而心中有股鎮定的力量。

☐ 我喜歡洞察人事物背後所隱藏的動機,對於話中有話的人,我一定要了解他對我的意圖是什麼。

☐ 不可預測性令我感到不安,我喜歡在明確的指令下工作,讓我搞清楚什麼事應該做,什麼事可以做,這樣我比較有安全感。

請自我檢視,試著對每項特質各別評分,再加總起來。

從不如此:0分/偶而如此:2分/有時如此:3分/經常如此:5分

總分是 ＿＿＿＿＿＿＿。

🔍 小人物大特寫

　　一個人能走的快，一群人可以走的遠，大雁的飛行現象做了這樣的詮釋。

　　野雁每年季節遷徙都要飛行好幾萬英哩，當領頭的雁鳥展翅拍擊時，其他的雁鳥會起飛跟進。

　　動物學家還觀察到雁鳥飛行過程中群體遵守的秩序：

① 雁群是一個生命共同體，互助合作，相親相愛，沒有一隻雁鳥會獨自飛升得過高，沒有一隻雁鳥會脫隊獨飛。

② 帶頭飛行的雁鳥，無法借助風力，所以飛行起來非常的費勁，但當牠累了，牠可以退回到隊伍裡，由其他雁鳥出來當領頭鳥，大家輪流，共享領導權，也共盡團體義務。

③ 飛行前進的過程中，後方的雁鳥會利用鳥叫聲，激勵前面的同伴保持飛行速度，鼓勵大家向前邁進，不要放棄、堅持下去。

④ 雁鳥群還會互相扶助，若是有雁鳥生病或受傷時，團隊中會有兩隻雁鳥留下來照顧牠，直到康復後，再一同努力追趕，回到原來的雁群隊伍。

　　「雁行理論」強調的是團隊合作、共同領導、激勵夥伴和互相扶助，這正是一個性格健康的第六型人美德。第六型人相信如果團隊目標一致，團結合作會比個別努力更快速、更容易到達成目的，第六型人體會到深耕組織系統的必要性。團隊中他們用鼓勵替代斥責，互相加油，激勵同伴，可以提升組織的效能，保持大家高昂的鬥志。團隊間相互包容，形成一個真正的生命共同體，共同突破困境。

忠誠責任，面面俱到

Ⓐ 安全第一

「風險管理」是想發現潛在的威脅，並且找到應對的處理方法。「危機管理」則是因應已經發生的傷害狀態，做緊急應變善後措施，以減少損失。對第六型人來說，安全是最重要的，不論是潛在的風險，還是危機應變，都是他們最關注的人生議題。

第六號人有很多想法，在承平的安全時期，他們會做很多腦中預演，不斷的想像最壞的狀況，因此他們在危險發生的時後，有能力將災難傷害程度減到最低。常有人說第六型人是最冷靜也是最勇敢的，因為他們在危機發生時，眾人亂成一團之際，他們能根據直覺，清楚的訂定正確的行動方案，這是在逆境中臨危不亂的九型性格典型。

Ⓑ 忠誠萬歲

第六型人要做什麼事情首重人，最重要的是找到志同道合的同志。忠誠感是第六型人最在意的，如果任何一件事情不忠誠、不真實，那都是危險，忠誠的背後意義就是要安全。

我們也可以用狼這種動物來理解第六型人。狼群是個合群的動物，最重要的是，牠們對同伴不離不棄，甚至以死相救。這些特質，恰恰都是健康的第六型人所擁有的。

柳傳志

聯想集團創辦人柳傳志是時代的拓荒者，2004 年聯想集團收購 IBM 個人電腦事業，躍升為全球第三大個人電腦廠商。從他的「管理三要素」中，可以具體感受到柳傳志第六型人重視團隊、勇於當責的個人特質。

（1）管理第一要素：建班子

就是組建團隊。而且他強調他要找價值觀認同的人、要找思想層次同一境界的人、要找德才兼備的人。做夥伴志同道合是首要條件，如此才能把事業做大做久，他主張團隊是折騰出來的，折騰是檢驗人才的唯一標準，人沒有經過千錘百鍊的折騰，會禁不起風吹草動，容易在一有危險之事，就會鳥獸散。

第六型人不喜歡投機主義的朋友，他們喜歡的是能夠在危難中互相支持的夥伴，為了確認對方的品行，他們不會很快地就相信一個人，而是要在危難事件中累積革命情感，如果一旦博得他們的信任，他們會願意為朋友兩肋插刀，對同伴不離不棄，多數的第六型人擁有長久穩定的人際關係網。

（2）管理第二要素：定戰略

聯想策略有兩個方向：「有追求」和「有底線」。「有追求」是要思考什麼是有潛質需要投入的。在底線方面，我們一定要站在紅線內，絕對不做苟且之事。在行動之前，要不斷溝通，講到嘴唇都磨到熱了，發燙了，大家的反對意見都得到處理了，才開始行動，這樣才不會把事情做岔了。第六型人總是在尋找一種可以指引自己內心方向的東西，也就是可以給自己明確的指示，告訴自己什麼能做，什麼不能做，什麼該做，什麼不該做，信心度不足的第六型人，他們會喜歡聽取大家的意見，這彷彿就像他們腦中有個委員會一般，必須大家都同意，他們才有行動的勇氣，他們想確保自己前進的道路上，一切運行可以沒有障礙。

（3）管理第三要素：帶隊伍

領導方式很重要，要讓企業員工認為自己得到尊重，才能帶好隊伍，領導者帶隊伍要以身作則，身先士卒，以無私之心，言傳身教，做為表率，用發動機理論，取代齒輪文化，強調樹立員工工作的成就感。

依循規則，安全警戒

Ⓐ 善於逆轉勝

當公司順風順水，沒有什麼問題發生，第六型人們反而感到焦慮，覺得有什麼陰謀在背後醞釀，或者有什麼狀況還沒有被發現出來。華為創辦人任正飛，在大家都在慶祝華為的春天到來，正在開慶功宴的當下，就在宴會上警告大家：「當春天來了，你們認為冬天還會遠嗎？」即便是正在如日中天的企業，在第六型人的眼中看到的情景是相反的，在面前呈現的是企業強盛的情景，在他腦中預演的卻是正在走下坡路的景況，大家一片看好之際，在他的腦海裡，已經感覺到事情在悄悄的起變化了。

第六型人天賦的觀察偵搜能力，讓他們不停的監測生活中的一切，好像森林裡的獵人，拿著一把槍，屏氣凝神觀察一草一木、一舉一動。

代表人物

范蠡

范蠡，生於吳越春秋時代，是越國上將軍，是政治家、軍事家，中國最早的首富。香港首富李嘉誠最崇拜他。

范蠡在越王勾踐最落魄的時候，伴隨勾踐到吳國為奴三年，形衰而心不死，保命而待機歸。在這三年中，范蠡為勾踐制定「十年生聚、十年教訓」的策略，於是有了傳頌千年「臥薪嘗膽」的故事。第六型人特別能在逆境中發揮應有的實力。

范蠡以其卓越的才能幫助越國扭轉乾坤，始終保持憂患意識，洞燭機先，明白「飛鳥盡、良弓藏；狡兔死、走狗烹」的道理，一葉扁舟掛帆遠去，離開驚濤駭浪的宦海。世人稱頌他：「忠以為國；智以保身；商以致富，成名天下。」

第六型人往往能在崩壞的局面中，發揮他們逆轉勝的才能。萬一公司正岌岌可危，而公司內部這批忠誠的第六型人，很可能幫助公司反敗為勝，他們往往會成為濟弱扶傾的中流砥柱。

在中國古代的歷史上，屢屢也出現過這樣的中興名臣，在別人看起來，這個王朝已經回天無力了，但我們看到第六型人仍然的捨身報國。

Ⓑ 相信權威

性格健康度一般的第六型人，希望得到權威的指導，例如宗教信仰、領導、導師、或是某種知識體系、信念或同盟的權威，能指導他們找到解決一切問題的正確方法，他們渴望一種被保護的感覺，所以只有想要找到可以相信的權威，能夠帶給他們安全感和穩定感，可以指引他們走在一個正確而安全的道路上，這樣才能踏實、放心。

如何找到一個公正、真誠、慈愛，不會利用我，不會誤導我的權威呢？第六型人不會那麼快下定論，為了安全起見，他們會不斷的揣摩他人的動機，關注他人的動機，想想對方到底想要什麼，是站在哪一邊的。

第六型人為了保護自己，總想弄明白他人對自己的態度，要弄清楚對方是否心懷不軌，第六型人的模式傾向採行人性本惡的論調，他們先把人想成是壞的，是居心不良的，然後再用他們的觀察能力去觀察到對方微表情、習性、有什麼是對方內心沒有表達出來的期待，對方會不會算計我，會不會利用我。然後自己再慢慢找佐證來推翻之前設定的觀點，他們偏向線性思考，透過分析每件事情的前因後果，然後謹慎小心推算最好的行動方案。

第六型人對應這個世界的方式就是在「問題」的本身著力，他們是所有型號裡面最負責任的，時時刻刻想著去發現問題、預防問題、解決問題，為了解決問題，讓自己可以在這危機四伏的世界當中生存。

群體合作，同舟共濟

Ⓐ 飛利浦的雁行理論

雁行理論盛行於企業界，尤其以飛利浦公司最負盛名。

台灣飛利公司主要生產消費性電子產品，因為規模過大，又缺乏整合及一致性的行銷策略，使得市場佔有率和利潤不斷下降，飛利浦幾乎瀕臨破產。

公司調整績效獎勵制度，改成 40% 來自個人表現，60% 依據團隊績效發放。讓團隊績效的重要性大於個人表現。因此在 1990 年代中期，飛利浦借用雁行理論執行一連串的改革。

代表
人物

飛利浦

飛利浦借用雁行理論，執行改革：

（1）團隊合作

彼此擁有共同的目標，並且每個人都相信，相互合作會比個人努力更快達成目標。團體內部遇到困難，團隊成員相互扶持。

（2）共用領導

每 20 人分成一組，小組內讓每一個人員輪流當領導。

（3）激勵夥伴

鼓舞獎勵必須符合 true 的原則：

◇ Timely 及時的
◇ Responsive 回應的
◇ Unconditional 無條件的
◇ Enthusiastic 熱情的

因採取雁行理論，飛利浦公司員工平均生產力提升逾三成。

Ⓑ 日本企業的終身雇用制

過去的日式企業的終身雇用制符合第六型人強調群體合作，同舟共濟的精神，公司要員工照顧，員工要對公司忠誠，公司和員工的關係緊密到比家人還要親近，曾經媒體報導過一家日式企業老闆因為經營不善，公司面臨倒閉，董事長親自張羅把所有的員工安置到其他家公司去，然後切腹自殺，這是一個激烈的案例，但是我們可以感受到，在這樣團結一致的工作氛圍下，每個人都願意捨身為群體犧牲奉獻的精神。

同仇敵愾，信仰堅定

Ⓐ 重視承諾

忠誠的第六型人認為，在團體中每個人自己說過的承諾一定要兌現、一定要履行，他們很重視承諾和契約精神，正因如此，第六型人不肯輕易下承諾，或給別人打包票，即便是有百分百的把握，他也只會說這個我試試看，我盡量做，有可能做得出來……。因為有責任感的他們，認為說出口的話就是要百分之百兌現。

第六型人一旦相信了某一個宗教信仰，某一個學派，某一個權威，他會堅持這樣的信念，死至方休，他們很重視團結的力量，對於外來的欺侮或挑釁，他們會堅定地忠誠擁護權威和領導，同時要求夥伴們必須同仇敵愾。權威提供明確的遊戲規則，第六型人就能夠穩定的完成很多任務，對組織信仰的堅定，可以讓第六型人的內心減少搖擺不定的態度，這樣將有助於安撫他們內心的焦慮。

Ⓑ 悲觀主義

第六型人的專注點是危險，尤其是潛在的危機，他們會把風險放大，尤其是那些不確定性的、不能掌控的、還沒有發生的危險。當事

情還沒有出現問題時，第六型人就已經產生過多的擔憂，別人常常對他們的過度敏感嗤之以鼻，覺得他們想太多了。這是第六型人的杞人憂天。

性格健康度下滑的第六型人，會把自身的不安全感、深層動機及那些自己心中的黑暗面，通通都投射到他人身上，認為別人是反覆無常、變幻莫測的。然而這樣的投射，更加深了他們對人事物的恐懼，並且產生質疑和猜測，讓他們很難真正的信任他人，自己也會越來越缺乏安全感。他們變成防衛型的人，行為舉止就會有點謹慎，表現得太過緊張，缺乏自信。

有些第六型人經常來問你同樣的問題，同樣的問題不止問一次，這其實是因為他們在找一種支持的感覺，他們希望能感覺到你和他們是保持一致的，能在他們有困難的時候跟他們站在同一邊，確認你沒有秘而不宣的潛藏動機，他們想確認你是支持者而不是反對者。第六型人為了解決問題，不斷的用頭腦關注問題，想得越多，問題就會越來越多，而把問題擴大化的結果，越怕越想，越想越怕，最終容易把自己變成一個悲觀主義者。

自我提升的要點

反作用力，偵搜問題

Ⓐ 深思熟慮 vs 講話沒重點

第六型人在說每一句話之前，各方面要面面俱到，要先深思熟慮，他們的模式常常要先做鋪墊，再講理由。有個觀察還發現，第六型人的說話裡面幾乎找不到肯定的詞句，會出現很多「大概、可能、應該、差不多」，避免被別人抓到把柄，所以第六型人說話給大家感覺繞來繞去，好像沒有明確而直接的表達重點。萬一有什麼問題讓對方聽不明白怎麼辦？如果對方質疑我的觀點怎麼辦？對方是敵意還是善意呢？

避免被別人抓到把柄，他們會預測反對者的干預手段，會不斷的去假設被反對的情境，並且把所有能應對的原因都準備充分。

Ⓑ 吐槽幫幫主

因為總想知道別人到底是否有敵意，為了確認這個答案，他們會不斷地提反對意見，有人形容他們是吐槽幫幫主，「你講得很有道理，但是……」，「你說的案子很可行，可是……」，「這個說法太誇張……」每次人家說什麼都要吐槽，但他們說自己是實事求是，第六型的人一輩子討厭虛偽誇張膨風的人。有人把這樣的吐槽行為，視為第六型人的攻擊性。

但對他們來說，這只是合作之前，大家先把醜話講在前頭，先小人後君子，這樣日後才能減少問題。他們連日常交流，都是這樣的理性和深思熟慮，因為他們不怕清晰的危險和已經發生的危險，他們怕的就是那種模糊不清，背後藏著的危險，就像冰山一角，危害是海平面下面的大冰層。第六型人容易高估危險的嚴重程度，可能只是一隻小花貓，卻以為是一隻老虎。

對第六型人阿諛諂媚地獻殷勤是沒有用的，對他們來說，一個沒事獻殷勤的人，絕對不安什麼好心眼，比起收到好聽的話，他們會更相信那些負面的揣測，而不是正面的臆斷。所以當你跟第六型人講一個動機，它是源於什麼陰謀，或是提供情報，有人圖謀不軌要利用他的時後，儘管事情還沒有那麼確信，他們都會有相信的意願。

反覆矛盾，投射質疑

Ⓐ 正六或是反六

到底你是隱藏幕後的敵人，還是一個真正的盟友，對第六型人來說，是很難確定的，第六型人對於不熟悉的新朋友，會採取觀望保留的態度，會慢慢考察這個人是不是一個騙子，只有當被確定是一個靠

譜的人，第六型人才會開始交心。有時候他們靠吵架、衝突或激怒別人的方式，做為測試手段，直到對方顯露出真實的一面。

面對衝突時，第六型人有著兩種截然不同的反應，當性格健康度良好時，他們的依賴和獨立會互相支持，彼此協作（稱為恐懼型的第六型人，或正六）。但是當健康層級下滑的時後，這兩個部分，就會互相扭打，互相針對，造成第六型人的緊張和焦慮（反恐懼的第六型人，或反六）。

尤其，反六更加對抗權威，與人作對，人家還沒要對你怎麼樣，反六就先下手為強了，就像《三國演義》中的曹操，他聽到別人在磨刀，以為別人要加害於他，在沒有搞清楚的情況下，一下子就把朋友全家都殺了。也就是說，比起正六，反六型更具有攻擊性。

Ⓑ 謹慎和恐懼是一體兩面

這裡要特別說明一下，沒有一個第六型人是具有全然的是正六或反六的傾向，換句話說，這僅是比例的問題，30% 反恐懼 +70% 恐懼型就是傾向正六，30% 恐懼型 +70% 反恐懼，就是傾向反六，每個第六型人都是這二種特質和反應的組合，只是端看一種的比例會較多。

舉個例，在公司同事面前咄咄逼人，非常的強勢，但到家裡的以後，變成順從老婆的暖男。或者是，在家庭生活裡出現反六的狀態，極具攻擊性，但是在公司的時候，卻百般的順從，就像乖乖牌一樣，這些都會因人而異。

第六型人的焦慮感，在根本上是長久的，得不到支持的感受，除了來自權威和群體，第六型人號也懷疑自己能否支持自己，他們不信任自己的能力，這是因為他們的心中一直裝著危險，因為只有心中裝著危險，他們才會感覺到安全，他們內心若是空蕩蕩的沒有念想、他們反而覺得不安。

在所有型當中，第六型人的情緒上非常敏感，做決定時常常反反覆覆。但他們思考問題的時間非常多，其實謹慎和恐懼，僅僅是一體兩面，第六型人他們就是比其他型號多了一份警覺心，也因為如此，他們總是能夠防範未然，救亡圖存。如果你有第六型的朋友，你將能學習到他們團隊合作的協作力，你尤其會更佩服他們在逆境時所發揮的韌性，見證人生逆轉勝的奇蹟。

01 真心實意：和第六型人相處首重要真誠，說話不可以誇大，要說一不二，不可人前一套，人後又一套，溝通時不要拐彎抹角，要坦誠真實才能取得他們的信任，態度上要像小孩子的天真一般，表現出信任、期待與愛，同時，這也正是健康第六型人受人喜愛的特質。

02 支持陪伴：第六型人關注問題，常常在腦中預演災難，除了鼓勵他們多看美好的面向，不要只停留在問題之中，千萬不要批評他們的恐懼和焦慮，也不要給予他們壓力，他們特別渴望有人在旁邊支持他們的想法，陪伴他們面對，能夠讓他們知道一切的擔心是可以被理解的，對於他們的擔憂要有耐性，用心聆聽，不論發生什麼樣的困難，我們需要像他們表達願意和他們一同面對，第六型人所需要的就是這樣的穩定感。

03 同心協力：在一同工作的團隊中，要用鼓勵替代斥責，互相加油，激勵同伴，如此可以提升組織的效能，保持大家高昂的鬥志，互相扶助，相互包容，形成一個真正的生命共同體。

04 保持警覺：第六型人是個懷疑論者，對他們來說，安全是最重要的，不論是潛在的風險，還是危機應變，都是他們最關注的人生議題，因此和他們一同工作要時時保持警覺。

樂於嘗試者
The Enthusiast

何必為了一棵樹
放棄一片森林

- [ ] 我習慣一心多用，一次可以同時做很多事。
- [ ] 我常講話逗大夥笑，但其實我只是「自娛」而已，「娛人」是順便的。
- [ ] 不論年齡幾歲，朋友都覺得我像個小孩子，就算老了，也是個老頑童。
- [ ] 我很害怕自己受到限制，不自由了。
- [ ] 我腦袋「想」的比我動手「做」的，要多很多。
- [ ] 我常被罵分心，聽頭不聽尾，就急著說話，最後還發現說得牛頭不對馬嘴。
- [ ] 在我受到指責時，我常常覺得那是有原因的，問題通常不是在我身上。
- [ ] 我喜歡嘗試有趣的事情，包括體驗刺激的活動，美味的食物，只要是新的、有變化的，我就有興趣試試看。
- [ ] 一段感情的結束，我不會悲傷很久，轉個身就能開始新的生活。
- [ ] 不管碰到誰，我都不太會感覺對方有敵意。

請自我檢視，試著對每項特質各別評分，再加總起來。

從不如此：0分／偶而如此：2分／有時如此：3分／經常如此：5分

總分是 _____。

🔍 小人物大特寫

　　知道癌症的那一天，魏小姐趕緊買了幾個郵輪的行程，跟醫生拿了藥，就環遊世界去了。幾趟郵輪旅遊的行程回來，就住進醫院，開始進行一連串的治療。她跟她的朋友說：

　　自從生病之後，不斷在越級打怪。

　　從開刀，8 次化療，30 次放射線治療。到轉移肺，再到骨頭，再到腹腔鏡手術發現滿天星，肝臟半年內出現八顆腫瘤，最大 5.2 公分。還不包含右手麻，吃就吐，拉都水，肋膜積水，所以呼吸都很喘。心跳每分鐘到 130 下了，所以化療也沒辦法再做了。

　　一路一路升級打怪的我，真的有點累了，現在暫時跟止痛藥當好朋友。現在吃新的標靶藥試試看，如果沒效果，那就打算安寧了。我已經簽好 DNR。

　　以上交待給大家，我就不一個一個說了。

　　進了安寧病房，她親自張羅那些必需品：一間紙紮豪宅、一部豪車、手機、平板、電腦，還有一付麻將。魏小姐的媽媽問：「要不要燒幾個人給你，陪你一起打麻將？」魏小姐說：「不用，朋友去那邊交就有了。」

　　最後，她告訴親朋好友：「我這輩子過的很精采快樂，這次沒辦法輕易過關。沒關係，下輩子，我要更快樂的過更精彩的人生。我要畢業了，下臺一鞠躬。」

　　　　　　　　　　（以這篇文章紀念與我一同學習九型的表妹）

立即行動，歡樂快遞

Ⓐ 最幽默的朋友

如果可以選擇，你想做一個好人，還是，你會想做一個好玩的人呢？

做一個好人，沒什麼了不得，但是，能做一個好玩的人，可是件不得了的事。這句話，正是第七型人的寫照。

第七型人的腦袋裡，裝滿行動方案，他們以充滿熱情的嘗試行動，來探索答案，新事物的體驗，讓他們了解世界，同時新奇事物的刺激感，讓他們的心情愉悅。對於世界，他們一眼望去幾乎都是美好，積極正面的態度，快速不拖延的腳步，讓他們把握創造人生幸福機會。

所以第七型人做事情都是急不可待的，他們是一種用行動刺激思考的動物，行動了才會有接下來的想法。

第七型人喜歡娛樂自己，也喜歡娛樂別人，綽號常常叫活寶、開心果。很多人覺得第七型人是最幽默的，朋友聚會只要有他們在場，總是能讓大家笑到東倒西歪。他們厲害之處，是常常在談笑風生中，解決了大案子。

Ⓑ 思考敏捷、善用對比

在高山頂景觀餐廳，一行人品嚐了一隻很可口的烤雞，正當七嘴八舌的問主廚為什麼雞肉這麼好吃之際，冷不防地廚師說：「大家覺得雞肉好吃，是因為我們的雞死的時候沒有痛苦，你們吃的雞，都是我說笑話給牠聽，牠自己笑死的，過程中沒有痛苦，所以雞肉吃起來美味。」

第七型人思考力敏捷，他們善於拿生活中的題材作連結和比喻，利用一般大家都很熟悉的東西來發揮，產生意想不到的衝擊效果，讓人突然聽到，覺得不可思議，而放聲大笑。

第七型人直接反應感知的模式，彷彿是眼腦直映，把視覺感知收到的資訊，就直接傳達給大腦輸出，沒有經過其他的感知器官或情感活動的參與，因此時間短、速度快，但也因為直接反應，所以連結出來的都是碎片狀的結構，這種思考方式具有高度的跳躍性，也因此時常會產生哄堂大笑的效果。

好奇尚異、多元智能

ⓐ 知識的遊牧民族

第七型人不愛受到限制，他們的學習模式好像蝴蝶在花叢間自在的飛舞，一下在這一朵，一下在那一朵，飛來飛去，最後仍然是把花蜜吸收滿滿，而且這樣採摘的花蜜，還更具有多采多姿的元素呢！

《財新》雜誌的總編輯王爍先生最贊同這樣的學習模式，還叫這種學習方式為「知識的遊牧民族」。過去的學習者，是知識的農耕民族，自己搞一塊知識領域，然後自早到晚在這塊田上精耕細作，就可以一生無愁。但在這個多元智能的時代，我們必須成為知識的遊牧民族，隨順著自己的需求和興趣，隨心所欲的在知識曠野上，盡情發揮強烈而旺盛的好奇心，哪裡有豐美的水草，就往哪裡遷移，而且這樣的遷徙模式，一輩子都不能停。王爍先生還提出來一個「另類二八法則」，提醒我們只要用 20% 的時間，去了解一個領域 80% 的廣面知識，然後放棄那剩下艱深的 20%，接著，趕緊迅速轉到另一個領域去學習。

乍聽之下，或許有些人會認為這樣的學習方式零零碎碎、蜻蜓點水，學問如果淺嘗輒止、不求甚解，那是沒有效果的，學習應該是要有系統性的，「知其然，也要知其所以然」。但是仔細想想，這個我們所處的這個知識融通的大時代，世界又再一次的升級，科技在飛速地交互運算，產業項目在眼花繚亂地重新組合，沒有任何一個領域會按照相同的軌跡重複運行。被認為最有價值的知識，常常來不及形成完備的系統，例如說新零售市場、區塊鏈技術，「摸索」正是學習的方法。在這個時代所需要的「甚解」，往往產生在各種領域的中間地帶，這個中間地帶也就是我們常說的「知識創新」，不相信的人可以回頭看一下我們身邊的朋友，現在有多少人所做的工作，其專業是來自他大學本科的學習？真實的情況是，很多人根本說不清楚他現在的工作叫什麼專業，反正累積了滿肚子的雜貨，這是平時就對很多不同領域知識，都有強烈的學習興趣，終而成就了自己今天社會上的地位，不是嗎？

第七型人是九型人格中最多才多藝，最自由奔放的型號，他們覺得世界上的一切都是朝氣蓬勃，充滿活力的，他們喜歡從正向的角度去積極擁抱生命，願意敞開自己的內心，整合各種各樣的智慧，穿透一切，總能從一切事物可能性視角點石成金，化腐朽為神奇，他們被稱為是多能的通才、全才，涉略廣泛，他們以高效、多面向的整合能力來服務於這個世界，容易取得偉大的成就。

Ⓑ 限制和束縛是他們的地雷

第七型人的思考模式是跳躍式的，非常敏捷而變化快速的，他們自認為很聰明，因為聰明帶來給他們一種安全感，他們對新的觀念和新的經驗十分熱衷，而且只要有想法，就想盡快付諸行動去實施。

第七型人天生不願意什麼都是定好的，他們習慣跳躍性思考，不按套路出牌，喜歡劍走偏峰，製造驚喜，認為一切皆有可能，所以容易在這互聯網快速顛覆的世界，跨界盛行的世代，比一般人更容易贏得勝利。

對於握有選擇的權力對第七型人來說，限制和束縛是他們的地雷，因為他們隨時想跨界。在工作當中，他們不喜歡其他人給他訂目標，當你告訴他們這個月要做到五十萬的業績，他們會說：「我可能會做出五百萬。」他們喜歡利用他們的聰明才智和快速反應來出奇致勝，在九型之中，第七型人的確是個業務高手。

拒絕限制，魚熊兼得

Ⓐ 活著就是要享受

有位九型人格的大師給第七型人做了個形容說：「第七型人的血管裡，流淌的不是血液，而是香檳酒。」

如果你要問哪裡有好玩、有意思的事，或者哪裡有好吃，而且要很特別的口味的，那你一定要找第七型人問才會得到最佳解答。第七型人有著濃烈的好奇心，把世界上的每件事，每個體驗，每個境遇都當作是上天的禮物，他們一點一滴的享受，體驗著生命的多變內涵，生命裡的每一個時刻，都化成了滋養身心靈的快樂泉源。

第七型人是九型之中最自由灑脫的型號，就像佛教傳說中的濟公，他的名言：「酒肉川腸過，佛祖心中坐。」他沒有被佛教的條條框框給限制住，脫離限制，喜歡自由，這是所有第七型人的共同點。

你若問第七型人，什麼東西讓你感到限制呢？他們會回答：「只要和我的看法不一樣，就是限制。」第七型人就像個從地府閻王那兒逃出來的孩子，對於人間，滿滿都是驚喜，不管是好吃的、好玩的、興奮刺激的、新奇有趣的，都想要嘗嘗。體驗是七號人的生活之道，對於抽象的、柏拉圖式的，他們會止步，很少感興趣。

雖然，第七型人實實在在地經歷、體驗，向外活動在現實世界中，也是務實的，但對於一般層次的他們來說，這是因為他們不想面對自己的內心，缺乏深刻內省的行動。他們認為世界是為了他們的快樂而運轉的，活著就是要享受這個世界，消費這個世界，向這個世界索取更多想要的東西。

Ⓑ 就是玩

第七型人的精彩人生，就是玩。玩樂是隨時隨地的，工作要玩，學習要玩，陪家人也要玩，玩樂對他們來說就像呼吸一樣，無處不在。

中國相聲大師「于謙」，出了本書《玩兒》，訴說他個人自己怎麼玩得翻天覆地。很多人認為第七型人就是個孩子，就算年齡增長了，也是個老頑童。他的搭檔同樣也是中國知名相聲大師「郭德剛」替他的書寫序，標題是「他活得比我值！」想想我們奮鬥一輩子，不就是圖個每天要開心嗎？第七型人是個最活在當下的型號，能把玩搞出花火來，甚至玩出成功。

這裡我們也要做一個反思，每天享受愉快體驗的第七型人，他們的注意力一直被外在事物所吸引，沒有回歸本體，致使他們的自我認同，取決於獲得刺激性的想法和感官感受。長此以往，他們不得不投入紛亂的經驗中，以避免自己需要面對焦慮或任何不愉快的情感。因此第七型人一定要真正的明白，什麼是知足，真正的知足，不是我們貪婪的想要，而是我們真正的需要。

很多第七型人是個討價還價的高手，原因是他們想擁有更多的東西，只要看東西便宜，新奇刺激，他們就會想買，他們的胃口常常超出可以消化的範圍，用經濟學的「邊際效用」來說明第七型人的購買感受，當消費者購買物品時，物品就會提供一種使人感到「滿足」的刺激，這個滿足感，開始的時候很大，但若是同一種刺激反覆發生，興奮與滿足程度將減少，甚至少到負面評價。當第七型人深刻理解了「想要」和「需要」對個人幸福與快樂的影響後，他們就知道「知足」在人生幸福的方方面面有多麼巨大的影響。

正向樂觀、酌情合理

Ⓐ 酸葡萄、甜檸檬

上帝賦予第七型人的天賦能力，就是讓他們有個快樂的頭腦，讓他們天馬行空自由的飛翔，放肆地想像。第七型人把人生看成遊樂園，所以沒有困擾會使得他們不開心，他們天天快樂，沒有到不了的明天，沒有可以打倒他們的障礙。勇於嘗試就是他們的胸懷和思維。

如果不順心的事情發生了，性格健康度一般的第七型人就會將注意力轉移，就會逃開，如果逃不掉，就把它想成好事情。把遇到的壞事都當做好事情，這叫做合理化作用。例如手機掉了，他們會說「舊的不去，新的不來。」自己遲到，因為天氣太冷。遲交作業，因為天氣太熱。藉口是隨時隨地的，完全不費力氣的，只要能逃避痛苦，保持快樂。

在心理學上對合理化有兩種有趣的比喻，第一種是酸葡萄，大家都有葡萄，只有你自己沒有，這時候如果你想吃葡萄，卻吃不到葡萄，而且你潛在的慾望仍是要讓自己是開心的，那你要怎麼做呢？對第七型人來說，要吃卻要不到，他就轉念一想，他們會認定你們手上的那些葡萄一定是酸的，這時候他們心裡就開心了。

第二種是甜檸檬，這麼酸的檸檬，如果是第七型人自己吃怎麼辦呢？他們會安慰自己沒關係，然後把檸檬想像成甜的。例如早上上學遲到，正好被喜歡的女同學撞見，那真是糗大了，但是他們會轉念一想，把這酸檸檬倒楣事轉成甜的，利用這個偶遇的機會告白，也許是個天賜良機。

第七型人對於規則的態度是粗線條的，但凡規則和自己的期待有衝突的時候，就容易把搞砸的事情合理化，在嚴密的社會組織裡，第七型人會挺難融入的，但在越寬鬆的環境，他們容易得到滋潤。

Ⓑ 擅長勾織夢想

習慣把事情都往樂觀方面想的第七型人，還有個最厲害的技能，商業市場尊稱他們「餅中之王」，因為他們「畫大餅」的能力天下無雙，總是能說出一個讓人很嚮往的未來藍圖，任何項目願景給他們的講完，人人都會覺得前景一片美好，我的未來不是夢，透過願景形成和激勵鼓舞，可促使組織力量極大化的發揮，讓企業邁向成功。他們事情喜歡看正向面，所以很擅長勾織夢想。

很多人都喜歡與第七型人一同歡樂，工作中第七型人會努力維持彼此的歡樂氛圍，因為喜歡歡樂的形象，所以第七型人不太會與他人堅持長時間的衝突，他們熱情而友善，能夠獨立工作，態度積極進取，很有自己的想法，他們希望其他人能配合自己一同來完成計畫或想法。

第七型人很擅於社交活動，工作中洋溢著自由、快樂氛圍，所以對於團隊的士氣，特別有激勵作用。第七型人所組建的團隊是扁平化的，不太在意管理者的頭銜，組織充滿著管理彈性。他們喜歡分散式授權，把權力發放出去，也等於把責任分散出去，打破階級制度，大家都能平等的發表意見。沒有甚麼拘束，特別的舒服，他們工作時桌面上常常放滿各式各樣的零食、好吃的，他們不吃難受，他們認為工作中大家吃點小零食，就是我們枯燥與煩悶的潤滑劑，還可以刺激大腦的運作，工作中第七型領導常常像一陣龍捲風，揮動他們的活力與亢奮，因此所到之處都會被大力的攪動一番，帶動團隊激起更多的火花。

反應過速，囫圇吞棗

Ⓐ 面對自己的內心

第七型人說：「我的一生都在做一件最重要的事情，就是獲得我想要的東西！」為了逃離內心焦慮的世界，第七型人把自己扔向這個外面的世界，把自己忙的跟陀螺一樣。我們可以說，第七型人的人生不是在行動，就是在準備行動，只要腦中存在著對未來的可能性，和未來的行動計劃，他們就會非常興奮，會自我感覺良好，因為這些會幫他們去阻擋內心的焦慮和痛苦的情緒。第七型人很自嗨，他們不太在意別人的眼光，勇敢嘗試多彩而繽紛的體驗，活得自由自在，讓自己的生命顯得很出彩，這都源於他們灑脫的性格。

第七型人的一生都在追求「開心」，但是真正想要「開心」，那就不能「心不在焉」，每當第七型人內心無法平靜的時候，反倒是逃離自己內心。心是靈魂的舌頭，第七型人常常不用心去體驗，就好比用失去味蕾的舌頭，去品嚐天底下最美味的滿漢全席，任誰都會覺得索然無味。

第七型人的離心區是比較遠的，要學習明白刺激不代表快樂，興奮也不是真實的幸福，這些不能混為一談。給第七型人的建議，去面對自己的內心，真正的享受，一定是用心去體驗的。

Ⓑ 追求快樂是為了逃離痛苦

值得探討的是，大家看他們外表是那麼的快樂，其實對第七型人來說，他們背後好像有很多獅子、老虎、豹追著自己，這些可怕的猛禽，就是生活中麻煩的事。比如說闖了禍，惹了麻煩，他們不想去面對，這時候他們藉由新的體驗感受，轉移注意力，忘掉這些煩人的麻煩。他們的情緒就一直在表淺層，他們要不斷的被新的事情刺激來轉移注意力，如果新的事情失去了新鮮，變無聊了，壓在底層的痛苦，就會翻湧襲來。

如果一個房子裡面堆了很多垃圾，為了衛生清潔，我們就得把些垃圾丟給環保車載走，如果只是把垃圾掃到牆角一邊，甚至為了掩蓋它們，還罩個布簾，噴點香水，這房子都不能說是打掃乾淨了。同樣的，我們心中的大房子，若出現焦慮與痛苦這些需要清理的東西，它們絕不是去大吃一頓就可解決的，那僅僅是暫時性的轉移焦點，就如同噴上香水，暫時性地改變味道，如果不去思考焦慮出現的原因，面對內心真誠檢討，而只把注意力放在正向的可能性、發展性上，只要焦慮一來，就立即啟動追求嶄新的冒險、知識、計劃，還有人際關係中，不論新的同事、新的戀人等等。這些正面的體驗與思維上、快樂的東西，可以讓他們暫時告別痛苦和焦慮，而事實上暫時控制焦慮，卻會讓焦慮是與日俱增。總是逃向外在的世界，壓抑焦慮的效果將越來越小。

自由狂熱，追求刺激

Ⓐ 輕諾寡信

性格健康度下滑的第七型人，他們的計劃清單裡面有著各種各樣的好玩的事情，但體驗哪個選項是隨機的，端看當下感覺哪個吸引力大，就突發奇想就神龍擺尾一下，隨時都有急轉彎的可能。因為計畫不是嚴謹的，也沒有非去不可的約定，因此變動起來都是一瞬間的事，常常心情一轉，突然想到有個另外的好事，計畫就立即改變。最後就草草的以各種理由推托、說自己很忙，現在沒法去，不然就下次再去吧。

相較於有些型號有選擇恐懼症，但是第七型人卻是一個喜歡有很多選擇項目的人，他們的概念是，不用花太多時間燒腦做比較，既然每個都很好，那就每個都來一點、嘗一下，所有的選項我全要了，這就是第七型人所渴望的選擇自由。

當一件事情隨著持續體驗的過程，事情變得越來越熟悉，趣味感和新鮮感就會越來越低，這讓第七型人感到無趣，當厭倦是無法避免的，就會讓他們萌生出喜新厭舊的態度。但我們同時也要反思一下，太多的選擇項目是不是會造成深入和堅持的阻礙？

Ⓑ 三分鐘熱度

有人問第七型人：「為什麼你那麼聰明，卻不肯在一個點上紮根呢？」他們會說：「你願意為了一棵樹，放棄一整座森林嗎？」每件事情都只做一點點，或者一下子就換項目，也就是我們常說的「三分鐘熱度」，容易導致第七型人人際關係的障礙。

當第七型人每天為了平復自己內心的焦慮而忙於追逐快樂的時候，隨著自我中心越來越強，便會覺得是別人剝奪了他們的需要，是別人限制了自己，於是對於欲望越發不加節制，也就愈來愈不顧別人的立場。實際上沒有任何人對第七型人施以限制，真正限制了他們的是自己欲望。

性格健康的第七型人是有行動力的，是積極入世的，欲望讓他們跟這個世界連結得更加的緊密，但是他們總是得不到滿足呢？關鍵在於，滿足欲望的方法上出了問題，第七型人必須要看到，自己沒有活在當下，體驗快樂的感受。

五大相處秘訣

01 積極樂觀：他們是個樂觀主義者，你要用樂觀來與他同調，並且關注新事物的話題。

02 幽默語調：欣賞他們的幽默，多說些正向的字眼。

03 氛圍愉快：讓他們談些有趣的事情，寬鬆的環境讓他們容易發揮創意。

04 耐心包容：他們通常很有趣，但你要包容他們的任性和隨意，容忍他們對於事情結果的反覆，提醒他們完成一件事再去做另一件事。

05 避免限制：限制和束縛是他們的地雷，不要給予指示，開放性的選項，讓他們自在，但是你給的自由度一定要有底線，否則最終一定不著調。

領導指揮者
The Challenger

慈不帶兵，義不掌財

☐ 為了保護我罩的人，我不惜發生口角摩擦，甚至肢體衝突。

☐ 我害怕被背叛。一聽到對方說謊，我會當下立即拆穿他，給他難堪。

☐ 我常過度操勞，把身體搞得燈枯油盡，遍體麟傷。

☐ 我要獨立自主，一切和我有關係的，都要在我的掌握之下。

☐ 我排斥軟弱，但其實我有溫柔的一面，只是連我自己都很少能看到。

☐ 困境只會讓我以更堅定的意志，衝刺我要的目標，我永不放棄。

☐ 不要惹我，我會讓你品嚐「害怕」的滋味。

☐ 「進攻」是取得勝利最好的方法，我很會激勵大家一起為目標奮戰。

☐ 我一向有話直說，不隱瞞我的真實慾望。

☐ 對決總是會有人輸，但是那絕對不會是我。

請自我檢視，試著對每項特質各別評分，再加總起來。

從不如此：0分／偶而如此：2分／有時如此：3分／經常如此：5分

總分是 _____。

2017 年 5 月 6 日，東森新聞出現一個斗大的標題：霸氣！手上拿著媽媽的避孕器寶寶「強勢」出生。

美國阿拉巴馬州一位媽媽露西順利剖腹產下一名男嬰，並且取名為德克斯特，根據《每日郵報》報導，小男嬰剛出生的手上，竟然緊緊握住媽媽鬆脫在子宮裡的避孕器。

照片整體的意象看起來，就好像是寶寶想要阻止媽媽避孕，像極了寶寶在示威：「誰都不能阻止我的誕生」、「想消滅我沒那麼容易」、「任何事情都無法阻擋我想來到這個世上的決心」。

這就是第八型人面對世界的態度，在這個弱肉強食、自相殘殺的世界裡，他們的基本渴望是「我必須要強大」，必須要有力量，才能在這個世界生存下去。

正因為如此，第八型人很少退縮，他們總是活得很堅強，永不言敗是他們的信念！

基本性格一點通

掌控大局，主持正義

Ⓐ 天生的王者

本能中心的第八型人追求的是一種強大的、不可戰勝的力量，他們的體能和活力總是令他們有一種衝動，讓他們想要證明自己強大，並確認自己有能力，獲得他人的尊敬。

第八型人一看就有個當老闆的架勢，似乎是天生來統治這個世界的，所以他們的存在感強，眼神堅定，嗓門大，氣勢迫人，有一種王者之風。就算只是靜靜的坐著，都有股威嚴。

第八型人的穿衣哲學很特別，他們喜歡鮮豔的色調，常常外面穿名貴名牌，裡面穿得很隨意。一般說來，動物最危險的部位，是從喉嚨到下腹部之處，幾乎所有的動物會本能地保護自己這個區域。但第八型人他們不在乎，他們坐姿很豪氣，身型打開，特別的大器，非常自信的坐姿。

Ⓑ 可靠、自信、有義氣

第八型人的領域觀念很重，一旦他們認定了自我領地，就不允許任何人來侵犯。他們本能地會保護自己的領土，也會保護領土內的家人、朋友，因為他們認為這些人是「我的人」，欺負我的人就是在我的頭上灑尿，那還得了。生活中，當家人和朋友遇到麻煩時，他們很自然的挺身而出，替大家排憂解難爭取權益。第八型人常常會給人可靠、自信，有義氣的印象，也因此容易成為團體中的領導者。

第八型人好打抱不平，覺得自己是個正義天使，背負著替大家主持正義的任務。他們就像地下司令官，即便是社會已經有規章典範，但第八型人認為：「我就是有我自己的規定！」他們同時扮演了制度的設立者和審判者的角色。憑著這種衝勁行事，超級強勢的第八型人給人的印象常常是脾氣最火爆，立場最堅定，說話最直接的感覺，第八型人的能量彷彿是一種無堅不摧的火力，強大的氣場讓人對他們既愛又恨，恨的是與掌控慾強的第八型人相處，就常得敢怒不敢言，愛的是認為在大樹底下好乘涼，有被保護的感覺。

獨立自主，領導風範

Ⓐ 弱肉強食的生存之道

第八型人潛意識中認為，世界的生存法則就是「弱肉強食」，若想活在這個殘殺的環境，自己必須要非常強大，並且要能控制自己的生存環境，才能在這個世界活下去。

為了證明自己的強大，他們會盡可能掌握包括權力、金錢、性、食物等資源，藉此彰顯我不需要任何人以確保自己不會受到欺負。我若需要別人，我就有可能會被他人利用，所以一定要獨立自主，自力更生，掌控自己的生存環境，擁有自己說了算的生活條件。

此外，他們一定會讓自己擁有其他人所羨慕、所慾求的資源，如此才能掌握別人，擁有領導權。在這種狀況下，他們才會覺得自己是安全。而這些需求，常常隨著他們慾望的無限擴大而過度膨脹。

財大氣粗的第八型人買東西像在做批發一樣。買大衣：「這款式所有顏色都給我來一件」。點菜：「所有主廚推薦的都給我上一遍」。

讓他們請客，是很容易浪費的，因為不願意被限制，他們出手特別大方。連買預售屋，甚至把一條街買下，他們花錢大器，同樣的氣勢在做市場也令人感到氣勢十足，「這個季，我們要拿下東北市場。」「兄弟們，把這箱訂購單簽完，我們退休！」第八型的領導說話口氣就是這樣，他們有氣勢，能讓眾人感染得渾身是勁。

Ⓑ 善於領導團隊

第八型領導人，在會議結束後就放大家各自行動，他們不會限制部屬太多，要把妹、要喝咖啡隨你去，你只要有業績，要怎麼糜爛都不管你，業績搶來的都沒關係，但是如果你敢糜爛偷懶，而月底沒把業績交出來，提頭來見！這就是強悍的第八型領導。

第八型人做事情眼光卓越，而且善於領導團隊，最大特色就是聞得到錢在哪裡，如果你想賺大錢，一定要學習如何和第八型人合作。

　　第八型人個性爽朗，喜歡直來直往，無論做事或說話都不加修飾。行事風格上率直而果斷，為了達到目的，他們不太在意人際關係的摩擦，即便面對生死交關的抉擇，面對瞬息萬變的挑戰，他們也能立即做出讓一般人感覺艱難的決斷，為選擇全權負責，鼓舞跟隨者的士氣。因此健康度良好的第八型人被視為值得尊敬的領導者。

　　華倫・班尼斯（Warren Bennis）和彼得・杜拉克（Peter Ferdinand Drucker）兩位管理學大師所談的領導者，與健康的第八型人的領導風範，可謂異曲同工之妙，健康的第八型人重視人們整體利益的提升，關注照顧組織內成員的幸福，能營造氛圍使得大家樂於追隨，堅定立場主持大局，並且勇於負責，贏得大家的高度信任。

 領導哲學

華倫・班尼斯（Warren Bennis）金言：

◇ 領導者是「做對的事情」的人，管理者則是「把事情做對」的人。

◇ 領導者注重的是人，管理者注重系統與結構。

◇ 領導者專注未來願景，管理者注重落實執行。

◇ 領導者懂得激發信任，管理者依靠控制。

彼得・杜拉克（Peter Ferdinand Drucker）金言：

◇ 領導者就是，一個有追隨者的人。

不畏爭鬥，放膽求勝

Ⓐ 絕不輕言放棄

第八型人喜歡放眼未來，越有未來性，越有前瞻性，就算現在沒有好處、收入，他們都肯幹，他們特別喜歡挑戰高難度的動作，譬如在沙漠裡開疆土，在曠野裡闢道路，在別人眼裡萬萬不能，在他們手上卻是無所不能，興致勃勃地衝。而且第八型人抗壓性最強，他們一旦鎖定目標，絕不輕言放棄的，他們一定熬到底，直到出現成果。

在九型人格中，第八型人的性格健康程度會決定他們的力量是有建設性，還是有破壞力的。

在健康的第八型人力量中，我們可以看到這份力量的呈現是意志與勇氣，自主與權威。但當健康度下滑時，這份力量的反面可能是專斷與脅迫，獨裁與威嚇，這是一種毀滅的力量。

第八型人的意志力是堅定而有力的，但相對的也是最一意孤行，最難相處的。第八型人在性格健康度佳的時候，他們會運用強大的意志力與自信以建設性的態度來創建他們的周圍環境，謀求福利給大家，而此時他們也會感覺到自己的力量是強大無比的。

但是如果處在不健康的狀態之下，他們則會濫用他們的暴力，來控制周遭的人，並會為了滿足他們自己的私人慾望不計一切代價，所謂人不為己，天誅地滅，踩著別人的頭往上爬，貪婪在他們看來是件好事、樂事，他們常無視規則法度和他人的權利需要，不管用什麼方法，只要可以打倒眼前的敵人來取得優勢，他們絕不會手軟，就是以一種擋我者死的殘酷手段，毀滅在前面阻擾他們的人。

為了彰顯自己的力量，第八型人會不顧一切的戰勝對手，那怕殺敵一千，自損八百，也要戰勝。成吉思汗是著名的第八型人，他敢賞敢罰的霸氣治軍之道，讓他殺進歐亞大陸，成為歷史上空前絕後的戰爭殺人魔。

Ⓑ 企業創辦人居多

就是這種開疆拓土的精神，面對一些危險不害怕，敢衝敢拿，這種勇敢與承擔就會獲得績效，所以在市場上擁有自己企業的創辦人中，第八型人所佔的比例真的不少，因為他們膽子大，敢往前撲，力量很強，抓起團隊一下子就整合，在他的鐵腕之下，大家都乖乖聽話，性格健康度高的第八型領導，真的給人一種感覺，

代表
人物

成吉思汗

成吉思汗，名鐵木真。

《元史‧太祖紀》記載他「深沉有大略，用兵如神」。他大敗金國、西夏、西遼，奠基元朝。

成吉思汗被尊為世界級別的軍事家，西方史學家指出成吉思汗比任何將領都厲害，因為他完全沒有讀過兵書，但卻不曾打敗仗。

他的用人之法也一直為後世稱道，手下大將有耶律楚材、哲別、木華黎，他恪守誠信，對人不分貴賤，以誠相待。

他格外珍視將士的生命，曾立下兩條特殊軍規：一，戰場上不得遺棄受傷人員，否則該小隊的官兵全部處以死刑。二，如果小隊中有同伴被俘，而同隊其他人沒有去搶救，那麼該小隊成員將全部處以死刑。

為了求勝，他「將他們斬殺殆盡，盡奪其所有，使其有夫之婦嚎啕痛哭，以淚洗面。」亦在所不惜，他在中國京、川一帶的殺人數量，高達約八千多萬，幾乎使得中原的漢民族瀕臨滅亡，是真正的戰爭殺人魔。

就是這個領導真的太有力量了，他們只要指個方向，大家都高興的去衝，而且衝得渾身都是勁，這是他們很大的優點。

第八型人喜歡挑戰自我，也會好奇的想要知道別人有多少能耐，他們會敬重強悍的對手，看不起不敢堅定立場的膽小鬼，因此他們喜歡以挑釁的態度與人互動，這意味著他們並不在意別人的感受，他們喜歡挑戰別人，當然也可以接受別人的挑戰，他們在意的是團隊成員是否具有野心和膽識，要的是能打仗的部隊。

或許會有些人對第八型人的作風常感到不爽快，但是他們是絕對不容許讓他們眼中的膽小鬼來左右自己決心的，他們要自己能幹出影響世界的大事，因此別渴望他們能是團體中循規蹈矩的乖乖牌，他們通常是體制的造反者，這是他們認為有所必要的大破大立。

代表
人物

唐納‧川普

原是地產大亨的川普（Donald John Trump），從政治素人成為美國總統，說來還真令人無法相信。創造了很多人無法相信的事實。

出身上流階級的他，20多歲就擁有萬貫家財，後來生意失敗，曾四次宣告破產，背負數億美元的巨額債務。然而，現在他又再度坐擁億萬家產，並且成為美國總統。

從一名政治素人，擊敗12位共和黨內對手，最後更打敗了美國政治史上資歷最完整的對手「希拉蕊」，到大選得勝，成為最後的勝利者。

川普如何創下這個傳奇的呢？他使用簡單而直白的口號「讓美國再度偉大！」激發美國民眾的榮耀感，同時為低層民眾發聲、謀福利，在在吸引的選民的目光。

無論別人怎麼看衰他的選情、怎麼批評他沒有當總統的特質，他都不為所動，選就對了，這份永不言敗的精神，是他成功的重要原因之一。

面對挑戰，宣示主權

Ⓐ 自私或利他，是重要的修練

第八型人是所有類別中最想去彰顯自己強大的型號，他們總想要支配周圍的環境和周遭的人。藉由指揮命令，他們想要告訴世人：「我是不好欺負的，我是厲害的，我可以支配你的，我可以消滅粉碎你的。」要注意的是，若是沒有自我約束，出於自私，這個力量有可能變成是強大的破壞力，或是邪惡的代表，如黑社會殺人不眨眼的老大。

相反的，如果出於公益，發揮己力為公眾貢獻，第八型人是個令人敬仰的政治家。也就是說，能否超越自我放縱的慾求，能否為大眾的福利著想，是第八型人很重要的修練。

健康度下滑的第八型人，認為一山難容二虎，在他們的世界裡只有兩種人，要嘛是朋友，不然就是敵人，你要嘛歸順我，否則我就是要把你征服。尤其當第八型人沒有愛的關懷，他們會壓抑自己的多愁善感、妥協、軟弱，只呈現出爭強好勝的情緒，彷彿無時無刻都可以與人做殊死鬥的死士。法國拿破崙是一位第八型人，從小就表現出很強烈的特質。

拿破崙

拿破崙（Napoleon Bonaparte）小時候是在法國科西嘉島長大的，他在念小學的時候，有一天跟一個高年級的學生打架，這一打，把拿破崙的眼眶都打出淤血了。後來，上課鈴響了，拿破崙只好先進教室去，下課鈴一響，他又衝去教室，找那個高年級學生打架。

這一打，原來黑圈的眼眶，一個變成兩個，真像隻熊貓了。打著打著又因為上課鈴響了，拿破崙只得回到教室去。

到了中午休息時間，拿破崙又衝去找這高年級學生打架，那個高年級學生還沒走出教室，就看到門口站著一個熊貓，嘴角還掛著未乾的血漬，準備來打第三場架。

Ⓑ 小心一言堂式的溝通單行道

在我們生活中充斥很多對權力頌揚的細節，小如餐桌主位的安排、轎車中的坐位順序，大到商業活動上 VIP 的尊崇，甚至軍禮、禮炮的歡迎儀式，這些高規格的待遇，創造人的價值感。值得留意的是，沒有什麼比高度虛榮心，更危險的了。

與第八型人的相處，特別要注意對其主權的尊重，尤其在話語權上，我有位朋友是第八型的董事長，在公司核心主管會議上決定為同仁加薪，總經理在會後，隨即搶先宣達給同仁周知，這位董事長知道後非常生氣，甚至取消了這項加薪決議。因為對第八型人的董事長來說，他覺得總經理僭越了專屬於他的主權。為了宣示他的主權不可侵犯性，他改變了加薪的決議。

值得第八型人反思的是，不願意被別人掌控，只想要操控所有事物，這樣的互動模式，容易變成一言堂式的溝通單行道，這是霸道，不是王道。

這時候，這高年級學生喊：「你到底打算來幾次？」拿破崙只講一句話：「你除非跟我道歉，否則我準備打到死！」那位高年級學生立刻向他道歉，拿破崙抬起下巴，挑釁地說：「你早說不就沒事了嘛！」轉頭就走了。早說就沒事了，這就是第八型人無畏挑戰的硬氣。

這樣的霸氣，不因為拿破崙身材矮小而打折扣。雖然拿破崙身高僅僅只有一米六，對比他高大的人，也絲毫不以為意。有回他正在軍中訓話，一位身高一米八的將軍在小聲的低咕，拿破崙對他說：「將軍，雖然你我身高有一個腦袋差距，但如果你不聽從命令，我可以擰下你的頭顱，立即消滅這個差距！」

膨脹擴張，極度武裝

Ⓐ 給人強烈的壓迫感

性格健康度下滑的第八型人，總是覺得生活是充滿危機與不幸的，他們常常處於一種生存恐懼中，他們認為手上如果沒有足夠的力量，就難以生存下去，自己會被別人給消滅。這種意念就像爆發中的火山，不斷地膨脹擴張，碰上點事，一言不合，他們馬上跳起來，不自覺的嗓門大，連整個身體都膨脹起來，給人強烈的壓迫感，就像鬥雞、眼鏡蛇之類的動物打鬥之前都要脹開，先給人一種衝擊感。而且，他們不會去壓抑這樣衝動，所以在人際關係中，經常與人衝突。

另外，第八型人總是衝衝衝，精力旺盛，他們會挑戰自己的生理極限，幹起活來可以不吃不喝不睡，常常瘋狂熬夜，只為了完成任務。這是他們的本能，好像這樣極端耗盡的倒下，他們才能感受到自己生命的存在。但是並不是所有的團隊夥伴都能跟他一樣，如果他們強迫夥伴跟他一樣付出，可能也會造成彼此衝突。

Ⓑ 學習愛與包容

在第八型人眼中，為了可以獨立自主，必須由內心到外在，把一切的脆弱都做一番澈底的根除，並且換上極度武裝的鋼盔鎧甲。像是被某人感動、自己的多愁善感、跟隨別人的決定，都被視為脆弱的行為，必須根除。

但真正的力量並不是掄起拳頭逞英雄，也不是只有報復與反擊，才能彰顯公理正義。除了以暴制暴，我們還有一個選擇，就是「寬恕原諒」。「愛」才是世界上最大的力量，因為愛產生了包容，眼中就不再有敵人，是真正的「無敵」。只有真正的無敵，才可以化解第八型人心底的恐懼。若是第八型人能兼顧愛與包容，將能展現剛柔並濟的真正威力。

支配資源，守護王國

Ⓐ 關愛他人，首要尊重

第八型人的生存不僅針對他個人，對於他所愛的人，家人、朋友、和那些追隨的小夥伴們，他都有保護之心。協助他們與自己一同生存下去，所以他們希望親友夥伴們都來依靠、歸順，他們願意為自己所愛的人、認可的人、追隨的人主持正義，守護生命。在他們的認定的領域中，一旦有人受到欺負，他們會立刻跳出來一決雌雄。

但第八型人要注意的是，容易把自己身邊的人當作私有財產，以為通通都歸我管，歸我照顧。所以在幫助他人的同時，往往缺乏一份對他人人格獨立性的尊重。對別人來說，覺得第八型人管太多，掌控得太嚴厲，甚至感覺被輕視。

Ⓑ 愛護他人，應該出於真正的愛

健康度下滑的第八型人，如果他願意保護對方，則是以對方願意服從自己、忠誠於自己為前提的，這樣的對價關係，會造成受保護的人承認需要他們，但是不會愛他們。

可悲之處就在，第八型人從不承認自己需要別人的愛，可惜的是，如果沒有以真正的愛做為基礎，而始終只把他人都當作自己的附庸品，這樣的護短並不會換來真感情的生死之交，最終反而會招來眾叛親離的下場。

01 尊重：尊重他們的力量，尊重他們的話語權，否則當下你就成了他們的敵人，同時要欣賞他們的正義感。

02 柔軟：不要對著的幹，不要在他們生氣時火上澆油，要多柔軟溝通。

03 直白：面對問題有話直說，也要注意長話要短說，說話要精確，不要反反覆覆，也不要過度多愁善感。

04 大器：避免告訴他們什麼能做什麼不能做，視野要大，不要唯唯諾諾。

05 底線：談判可以讓步，但是沒有生存空間時，你的態度要示弱，但是立場要堅定，也要尊重自己的力量，他們尊敬有實力的人。

TYPE
9

平和謙讓者
The Peacemaker

敵不動，我不動，
以不變，應萬變

最佳代表特質

- [ ] 我覺得凡事應該順應自然，順勢而為，我考慮的是如何用最省的力氣達到目標。

- [ ] 大家叫我好好先生（小姐），因為我不爭不搶，我還很容易認同別人，相信別人。

- [ ] 我覺得人生的幸福很簡單，人們都花太多力氣在追求了。

- [ ] 身體的舒適讓我有幸福感，沙發和床是我最喜歡待的地方。

- [ ] 朋友喜歡和我在一起的原因是，他們和我相處會感到安心、輕鬆。

- [ ] 我知道世界在變動，只是我不喜歡隨風擺動，過每天規律的日子沒什麼不好。平安是福。

- [ ] 面對別人的批評，我常懶得回應，其實，我內心是不想要與人發生衝突。

- [ ] 當我生氣時，我就把對方當空氣，眼不見為淨，這是一種以退為進的攻擊。不配合運動。

- [ ] 沒有我，明天的太陽也會從東方升起，我沒有那麼重要。我常常注意力渙散。

- [ ] 我能把團隊融為一體，調和大家，讓全體立場一致，奔向目標。

請自我檢視，試著對每項特質各別評分，再加總起來。

從不如此：0分／偶而如此：2分／有時如此：3分／經常如此：5分

總分是 ＿＿＿＿＿＿＿＿。

149

有個趣味的說法，東方世界的母親教導女兒找怎麼樣的老公？

① 要人品敦厚

② 要有正當職業

③ 無不良嗜好

④ 要愛小孩，對家庭有責任感

以上這些，都可說是第九型人的強項。

但是，女人們又常說「男人不壞，女人不愛」，這裡說的壞，不是殺人放火、作奸犯科的壞，而是說個性不要太木頭，要懂變化、有情趣。但是很不幸的，最呆板、最木頭的型號就是第九型人，人們常常形容他們是好好先生。我們看到有趣的是，很多女孩找上第九型人當老公，然後用一輩子的時間罵他笨。

基本性格一點通

與世無爭，崇法自然

Ⓐ 喜歡和諧

　　第九型人喜歡和諧，不只人際關係上要和諧，更重要的是他們內心的和諧。內心的和諧對第九型人來說，比人際關係更加重要，這份內心的和諧我們把它稱為「平和」。

　　在九型人格中，我們每個人都有三個智慧中心，分別是腦中心（負責思考）、心中心（負責感受），腹中心（負責身體的本能和行動）。對第九型人來說，腦中心的平靜，就是大腦放空，什麼都不去想。心中心的平靜，不要有太多的

喜怒哀樂。腹中心的平靜，就是身體不要太勞累。像是沙發上的馬鈴薯，有機會可以坐著，就不會站著，可以躺著，就不坐著。

第九型人有個習慣，要做任何事情之前，都要先把平和的感覺找到，這是他們行動開始的起點。

為了維持內在的平和，第九型人天生喜歡皆大歡喜，與世無爭。也不太會堅持己見，常常放低姿態，所以總是維持良好的人際關係。只要大家一團和氣就行了，他們很願意支援別人，很少反對別人。

Ⓑ 無為，卻無所不為

性格健康度高的第九型人，在團體中看似無為，然而事實上他們是積極主動的關注各方立場，創造彼此交流溝通的基礎環境，發揮無為卻能無所不為的影響力。所以說，性格健康度高的第九型人，是以相互融合的模式凝聚力量，和順勢而為的技巧，為世界創造一個生生不息的動態平衡環境。

我們「人」生在天地之間，外部環境是個大宇宙，而人是個小宇宙，大宇宙和小宇宙之間好比是輪胎的內外圈，當第九型人願意投入與這個真實的世界互動，他們的小宇宙被啟動，才能和大宇宙產生結合的力量，內圈外圈一起運動，這狀態下「無為」和「無不為」統一了。當主動和被動協作了，才是順其本然、順勢而為，真正的天人合一，即老子《道德經》所傳遞的核心要旨，道家的「無為而無不為」，因此「無為」是積極的，是進取的，是參與的，是生生不息、循環不已的。

性格健康度高的第九型人認為，芸芸眾生中雖然我是個小齒輪，但我是整體建構的一部分，偉大的整體沒有我的參與，是不能運作的，這一切的發生不能沒有我的努力。對於這個世界，第九型人有一部分責任，是重要而不可或缺的，即便平凡，但也偉大。

順從中道，平易近人

Ⓐ 路遙知馬力

性格健康度良好的第九型人，會主動作為。而性格健康程度一般的第九型人，有時候覺得自己只是老天爺棋盤裡的一顆棋子，什麼能做，什麼不能做，都不是自己能決定的。他們過度地強調外界環境的力量，而忽視個人方面的努力，因此他們看事情的角度，總覺得差不多就行，甚至有想法不同的時候，也不願意說出來。他們容易退讓，一般狀態下第九型人不太生氣，不願意衝突，遇上什麼事，多往好的地方看，什麼事都能放下，所以讓周遭的人覺得第九型人的脾氣很好。

第九型的最強的，就是客戶服務。只要是第九型人帶進來的客戶，幾乎都不會離開，非常適合組織團隊長期深耕發展，這樣的發展模式到最後，都是根深蒂固，只要不是遇上什麼巨型的天災人禍，很容易一方山水養一方人。同樣的，在組織裡面，他們的貢獻是持久發展，穩定度是最棒的，第九型人的做事態度就是「做任何事都要有始有終，從頭到尾做到完，再做下一件事。」

Ⓑ 好好先生

第九型人從小就懂得以柔克剛的方式來化解威脅，長大後在職場上，也用包容、等待的方式，來處理人際關係上的衝突，他們好像有化解憤怒和仇恨的能力。他們看起來挺和善的，好像沒什麼脾氣，我們稱為「好好先生」。

第九型的領導人非常夥伴是否相處融洽，無論是否身處在高位，都不會讓人有距離感，他們作風低調，處處釋出善意的慈悲，讓身邊的人無時不刻地感到輕鬆自在。

第九型人有一顆十分包容的心，立場不同的時候，常常會為對方想理由，因此人們都喜歡與他交朋友。性格健康度佳的第九型人，

除了能讓自己感到平和，還能將這份平和的氛圍感染給周圍的朋友，他們特別欣賞和他們一樣默默低調做事的人，第九型人所帶領的團體總是像一家人一樣融合在一起，他們願意給人支持和陪伴，在第九型人身邊，讓人感覺溫暖而有人情味，也讓每個人都會願意為共同目標而努力。

調解分歧，融合共識

Ⓐ 授權的高手

有位第九型的高階管理者，在開會之前對於議案沒什麼想法，腦袋裡空空的，但在議會桌上聽 A 說一下，B 說一下，C 說一下，大家說了一圈之後，他撥撥手，就像太極四兩撥千金，就能調出一個各方接受的方案，讓大家都佩服，因為領導把所有人的立場都考慮進去了，是天生的調和者。

有時候第九型人覺得要主導別人太費神，最省事的辦法就是如果大家有個聚焦的觀點，如果那也是個不錯的主意的話，那認同大家的看法就好了，用融入的方式，來達到與人和諧又可以省心省力的目的。

第九型人發揮得好，他會是個善於授權型的領導，能以一種無為的智慧，透過授權，發揮身邊人的潛力。他給予每個人相對的尊重，因此同事們都很喜歡他。

Ⓑ 真正贏家

一個好領導，不是你在的時候幹部怎麼做事，而是你不在的時候，你的幹部會不會給你出什麼事。不論在工作職場或是生活相處中，大家都在追求「雙贏」，尋找出對你我雙方都利的解決方案。

對於第九號人來說，他們所追求的可能是更多角度的「三贏」，甚至是「多贏」的可能性。以一個銷售模式為例，存在的事件雙方是銷售者和消費者，以雙贏的觀點來說，如果消費者感覺買賣是物超所值，而銷售者達到薄利多銷的目的，這就是一個很棒的雙贏模式。但是對於衝突感敏銳的第九型人來說，他們所思考的範圍甚至是三贏，就是「競爭者」的立場，或許僅僅滿足客戶還不足以在市場上長治久安，如果可以把競爭對手的立場考慮進來，或許這個世界更可以一團和氣，大家有錢賺，你好、我好、大家一起好。

代表人物

馬化騰

在互聯網的發展上，騰訊採取是開放性的原則。騰訊平臺上有 1000 萬個以上的開發者，騰訊提供基礎的通訊功能，非核心業務交給合作夥伴去做，例如搜索的搜狗、電商業務的京東。

原來被大家認為是新經濟的互聯網，現在卻讓各個傳統行業都能結合在一起。包含零售領域、電子商務、娛樂影視、金融、美食、交通，生活中的衣食住行，都藉由互聯網而串聯起來。

這是因為騰訊的自我定位就是做連接器，把人們、服務和設備連接起來，形成一張綿密的大型網絡。

《天下文化》採訪騰訊公司董事會主席兼 CEO 馬化騰時，他說出幾項騰訊關鍵的致勝武器：

① 極簡主義。
② 試錯迭代。
③ 生態養成。

讓美好的未來就在靜悄悄中養成，以溫火慢煮的融合方式，在生活中被接受，這樣大家就不必費勁的去適應，也不用折騰地去忍耐，一切是自然而舒適的，這樣方式的變革最沒有阻力，也是第九型人最推崇的方法。

大道至簡，按部就班

Ⓐ 化繁為簡的高手

　　第九型人的原罪是「怠惰」，怠惰容易被認為是行為上的懶惰，很多人把「拖延、動作慢、懶散」等等這些詞彙，和第九型人掛勾在一起，實際上他們想要維護的就是一種「平和」的狀態，這平和狀態在人際關係上是一種和諧的，在做事的角度上是一種順應自然、不過分折騰的創造，正因為第九型人以旁觀者的姿態面對生命，他們平和的慾望，處處用自我退縮來抵抗外界的影響，容易致使自己對所有事物失去感覺，只想活在安樂窩中拒絕改變，則將無力面對真實世界無情的競爭。

　　但是怠惰不等於懶惰，相反的，第九型人很多是很勤快的。怠惰是一種心理上不願意改變的狀態，第九型人追求的是平和，希望他們的腦中心、心中心、腹中心都要保持平靜，因此若是第九型人開啟行動，那麼就要讓他們的腦中心、心中心、腹中心慢慢陸續啟動，如果從靜止的狀態，要他們動起來是不容易的，就像舊式的蒸汽機火車，靜止到行動的狀態是很慢的，啟動是需要很長的過程的。

　　反方向來說，習慣了快節奏的工作，要他們驟然慢下來也是會不舒服的，這樣狀況下的第九型人看起來就非常勤快，他們是因為融入了快節奏的環境的氛圍，環境帶動了他們。第九型人因為不愛改變的關係，所以他們在一個狀態中常常是可以很有持續力的，不管當下是靜止還是運動中，他們都想要維持那種慣性的狀態。

　　對第九型人來說，最費勁的是「改變」，但是在改變過後，事情反倒是一回生、二回熟，三回就變高手了。因為懶得改變，第九型人喜歡把自己調頻成為省電模式，用低能量處理麻煩事，他們是化繁為簡的高手，遇到複雜事情就想辦法簡單化。極簡化是第九型人保存精力的方式。

把所有的事情簡化後，最大好處是，只要依照既定的程序，按部就班的行動，彷彿像無靈魂般，任務就完成了。回到家後倒臥沙發上看電視，享受這種平和，如果有點心、水果、零食相伴這歡樂時光，那就更完美了。

Ⓑ 幸福就在當下

第九型人特別喜歡大自然，喜歡與大自然「天人合一」的感覺。他們覺得當下的悠然自得是一種幸福，活在當下享受那份自在，感受生命如此的美妙，是修來的福氣。

第九型人在性格健康度佳的時候，會知道「心如止水」和「心如死水」的區別，他們會明白自己的需求所在，人生可以有所選擇，自己和世界是獨立的，他們需要主動的投入世界，他們可以借助天地之間最大的「勢」（契機）來順勢而為，世界是一種動態的和諧，而不是表面上的平靜。

若是在性格健康度下滑的時候，他們會變得被動，一切隨波逐流，只為了維持平靜而不擇手段，即使出現了真正的問題，卻任性地視而不見，讓自己隔離於事件之外。

此時的第九型人失去個體性，對於的世界的感受是渾鈍的，沒有明確的認知，就像活在一場夢中。用自我退縮來抵抗外界，對所有事物失去感覺，只想活在安樂窩中拒絕改變。

謙讓平和，耐心傾聽

Ⓐ 應該適時的表達自己的意見

第九型人總是特別願意聆聽，願意為他人的立場著想，面對各種分歧的意見，他們會採取「犧牲小我、完成大我」的策略，因為相信天公疼憨人，不爭才是大爭，不計較會得來人生最大的圓滿。

他們願意善解對方，能換位思考，卻常常忽略也應該讓對方理解自己，因為損己利人的退讓，並非每次都能獲得進展順利的結果，這使得第九型人難免心生沮喪、不滿。然而追悔的當下，契機卻已拱手讓人。讓總是把自己的立場放在最後一個順位的第九型人，就好像真的這麼被別人不當一回事了。

Ⓑ 消極逃避的心態，將失去最終的自我

當第九型人與本能能量相分離，就會接觸不到自己的本能力量，在他們看到美好的願景與可能性時，心情會感到愉快，但是卻感覺不到自己的內在需求，以及自我意識的存在，正向的他們認為什麼都是有可能性的，但卻沒有激發出本能力量來執行計畫，他們認為一切自有老天安排，地球不會因為沒有我而停止轉動，沒有什麼是急切而不可等待的，我應該放鬆心情，事情該怎麼發生，就順其自然吧。這宿命論的思想，其實是一種消極的處事姿態，這種情況容易發生在性格健康度下滑的第九型人身上。

自我的麻醉作用讓第九型人習慣「看淡一切」。所謂麻醉作用，簡單地說，就是對應該關注的事物，撤銷注意力，淡化處理。這樣消極的麻醉，或許能讓第九型人短暫的感覺輕鬆，但是這同時會讓他們付出很大的代價。

他們的自我對世界的認知將漸漸失去了稜角，他們的性格會變得閒散而安逸，人們想去保持內心的平靜沒有什麼不對，但是用逃避的方式脫離了真實的世界，那就得不償失了，這使得本來該是一座活力旺盛的火山，失去了爆發力。

樂於配合，美化現實

Ⓐ「把別人都當空氣」的攻擊方式

性格健康度下滑的第九型人，害怕堅持己見會造成人際關係衝突，因此他們認為讓別人做決定，既可以避免衝突，自己又可以圖個省心省力，於是他們把決定權交給他人，讓無為而治變成了自己不作為的放牛吃草。

就算他們不能解決問題，總有其它人能夠來解決問題的。再不然放一放，時間到了，或許問題就沒有了。儘量讓自己往好處想，事情應該沒有那麼嚴重，用各種各樣的逃避藉口，來讓自己獲得內心的安寧。然而當他們不顧一切地追求平靜、得過且過的僥倖，勢必致使他人傷害與損失，這將會是第九型人關係的衝突。

他們敷衍了事，用「軟抵抗」的方法阻礙他人行動，軟抵抗就是非暴力的不合作運動，是一種「以退為進」的攻擊方式。很多人以為第九型人沒有攻擊性，但實際上他們的攻擊方式，就是「把別人都當空氣」。事實上第九型人比他們意會到的自己，更具有攻擊性。只是他們一味的否認與壓抑，如此就會不斷累加對自己和他人的傷害，陽奉陰違久了，最終會激起別人的憤怒。

Ⓑ 理想化他人

當情況棘手，性格健康度下滑的第九型人，會美化現實，讓自己活在幻想中的「沒問題世界」裡，把挫折、麻煩、不愉快、不願面對的改變拋諸腦後。在第九型人的白日夢裡，一切是詳和美好，在樂園之中可以無憂無慮，但短暫的平靜，在自我麻醉中的平靜，絕不可能是長久而真實的。

第九型人覺得為自己開闢生命道路太費勁，所以他們想要簡單的成為別人生命的一部分，如果別人有個很好的方向或目標，那我跟著就好了，但如果總是認同他人，總是和某個人在一起，「自我的邊界」就愈來愈模糊而無法成為一個個體。他們過度的認同別人，過度美化他人，把美好的特質投射到他人的身上，越想跟他人融為一體，為此他們就得要越壓抑自己的特質，這會造成第九型人貶低自己。慢慢的，第九型人自我輕視，無法發展他們的自我潛能，自我可能因此就消失了，他們就變成了別人的影子了。

第九型人在人世間最大的功課，就是要接納衝突和痛苦，這個世間原本就是酸甜苦辣五味雜成，尤其「分離苦」是喚醒第九型人解藥，要清醒面對負面力量，因為痛苦能績累經驗，協助自我的突破，痛苦原本就是人生的試煉石，能讓第九型人擁有深刻的感受力，通過試煉的第九型人將樂觀而自信，能使團隊和諧融洽，能支持夥伴，成為一個調和鼎鼐的高手。

01 正面鼓勵：要欣賞他們的仁慈敦厚，溫婉善良，和他們講話要使用正面詞彙，以鼓勵代替責罵。避免引起他們心中不快。你的態度要溫和，因為態度激烈了，他就得想辦法平靜。

02 溫和態度：他們喜歡平和的氛圍，與他們互動相處，要融入他們共好價值觀中，他們看待朋友就像家人，家和萬事興，特別要注意，切莫讓他們把你所提出的請求看作指責。

03 群體帶動：大家行動，他們就會跟著動起來，他們喜歡融入團體中，喜歡跟隨大夥一起做事，因此只要大家都快，他就會跟著快起來。

04 目標引導：他們不喜歡衝突，所以對於別人的要求很少會說「不」，鼓勵他們把內心的不滿表達出來，因為「尊重」才能真正讓他們買單。對於精神容易發散的他們，可以用提問去幫助他們集中精神，然後讓他們考慮並決定。

05 不要壓力：他們通常都很友善，但讓他們「放鬆」才能創造第九型人的行動力！千萬不要對他們失去耐心，而做情緒性的發言，他們會假裝聽不見，然後把你當空氣。

職場攻略

Workplace Raiders

正確主義者
THE PERFECTIONIST

	健康度佳	健康度下滑
性格	崇尚品德、堅持卓越、認真負責、改正錯誤	缺乏彈性、缺少鼓勵、強勢干涉、欠缺全面性思維
有這樣的主管	以高標準自我要求,但對於他人的錯誤稍能寬容諒解,大家都敬重他們是真正的正人君子。	自認為的理性客觀,容易讓人認為是吹毛求疵,對於大家的自甘墮落,他們總是在心中燃燒的憤世嫉俗怒火。
你應該這麼應對…	以勤奮而嚴謹的工作態度,來贏得領導的欣賞,工作的執行標準不應該因為任何理由懈怠,不需要費心對他們曲意奉承或節日送禮,認同他們為人處世的正直是最好的禮物。	額外關注老闆的標準和底線,但是當遭受到批評,硬碰硬是不智的,把事情做好,本來就是應該要有的工作態度。用理解的一顆心,加上打磨等級的態度來面對無情的挑剔,這無異是一次自我提升的好機會。
有這樣的部屬	以出淤泥而不染高尚品德,刻苦耐勞絕不打混,為了貢獻優良的品質,更是親力親為,對於細小之處私毫不鬆懈。	善惡二元論看世界,缺乏周延處置事理的彈性,嘴硬好辯,對於小錯誤也容易無限上綱。
你應該這麼應對…	以身作則是最強大的領導力,千萬不可和稀泥,發布指令須講求精確,若是朝令夕改,恐將引來他們的反感。	肯定他們追求完美的信念,若是給予批評一定要對事不對人,依據事實陳訴。同時提醒,人類的基本慾望並非罪惡,調整一下他們非黑即白的絕對觀點。

熱心助人者
THE HELPER

	健康度佳	健康度下滑
性格	熱心助人、察言觀色、人脈交流、和藹親切	他人為先、盛情難卻、背後操控、隱性驕傲
有這樣的主管	以人為本的領導風格，他們是尋聲救苦的菩薩心腸，願意幫助他人，成就他人，甚至把人脈整合出平台式的功能，讓朋友之間可以互通有無，相互照應。	希望自己為別人所需要，認為事情一定非我不可，將自己放在高人一等的拯救者地位。 他們也容易過於感情用事，把所有的問題都歸因在人的身上。
你應該這麼應對…	與喜歡討人歡心的領導相處，千萬不要辜負他們的好意，他們會在公司裡營造出大家庭的氛圍，希望大家可以常常親近、交流。講求人情味的他們十分關注人的需求，有時需要適時的提醒或協助領導，維護制度的公平性，才是組織坐大的關鍵。	他們容易忽視自己也有需要的事實，關心他們，與他們敞開心扉，有來有往的互動接觸，可以讓你在領導身邊如魚得水，要注意的是職業道德，因為與領導關係緊密，千萬要管好嘴巴，不要洩漏了關於領導的秘密。
有這樣的部屬	人緣很好，以關愛者的角色服務他人，他們是會努力協助目標達成的好幫手。	幫對方根本不需要的忙，因此創造出他人對自己的依賴性，以半強迫的方式照顧對方，並影響對方的決定。
你應該這麼應對…	在辛苦的付出之後，別忘了給他們大大的感謝與鼓勵，讓他們感覺與有榮焉。	對於熱心過頭的下屬，要把檯面上的面子照顧好，肯定他們的協助，同時要幫助他們將注意力放在自己的工作上，不要過度透支自己的精力。

成就追求者
THE ACHIEVER

	健康度佳	健康度下滑
性格	適應力強、表現突出、充滿鬥志、重視形象	變色龍、貪功躁進、給人壓迫感、功利主義
有這樣的主管	他們所帶領的團隊總是捷報不斷，業績永遠跨躍式前進，他們像個明星受到眾人的愛慕與推崇。	一定要贏，也喜歡大肆張揚炫耀財富，喜歡用高檔名牌來襯托自己的身分地位。
你應該這麼應對…	要得到這樣的老闆賞識，你須要有優異的績效表現，最好是以第一名為設定標準，快狠準是他們喜歡的風格。	在這樣的領導底下工作，必須要有很強的抗壓性和適應力，同時不要忘了讚賞領導所特意展示出來的高貴時尚。
有這樣的部屬	他們會有高超的志向，對於績效目標有旺盛的挑戰企圖，像極了一部優良的工作機器。	不顧人情義理的現實，只要達成目的不擇手段，踩低拜高，重視外表的包裝，虛榮心很重。
你應該這麼應對…	給予明確的工作目標，引導他們良性競爭，並且要及時的表揚獎勵。	他們渴望成功，而害怕失敗，給予進階挑戰的機會，但是要注意提醒他們過程中不要為了求快，而用偷吃步投機取巧。

靈感創造者
THE INDIVIDUALIST

	健康度佳	健康度下滑
性格	藝術創作表現、情感細膩浪漫、獨特個人主義、尋找缺失一角	過度誇張、喜怒無常、固執己見、自卑自憐
有這樣的主管	他們的模式是靈光乍現，想法不知道從哪裡來，但是就是很別出心裁。 有時候他們表現積極，幹勁十足，有時候卻眼神迷離，若有所思，對工作厭倦。	情緒是主角，工作是配角，很難猜透他們的所思所想。 極其纖細敏感的情緒，容易被情緒左右，時而高興，時而憂傷，你不知那裡有地雷，讓人有如履薄冰的感覺。
你應該這麼應對…	別太在意什麼是邏輯，也不要刻板於規則，要欣賞他們一揮而就的創意。	不要懼怕他們的情緒化，要了解他們需要獨處，也需要陪伴，要做好這部分的調節，若即若離是個好模式。
有這樣的部屬	渴望與眾不同，有藝術家的氣質，會常常回憶過去悲傷的故事。 他們忠實於自己的情感表達，天真直率，追求屬於自己的完整性。	在悲與喜的極端之間搖擺不定，情緒暴躁，言語諷刺，喜歡標新立異，用以凸顯個人品味。
你應該這麼應對…	不要阿諛奉承，不真誠的耍嘴皮子會換來他們鄙視的眼神。 在工作上要給予他們適當的發揮空間，允許他們自訂目標，善用他們的自我詮釋，你會有意想不到的驚喜。	要多注意他們的情感變化，耐心傾聽他們的故事，真誠的交流情感就能博得他們的好感，幫助他們梳理情緒，讓他們感受當下所擁有的幸福，他們就能將注意力轉回到工作上。

博學多聞者
THE INVESTIGATOR

	健康度佳	健康度下滑
性格	創造精神、理性客觀、邏輯思維、深藏不露	暗黑思想、特定立場、性格孤僻、犬儒主義
有這樣的主管	CP 值王。他們擁有敏銳的觀察與歸納能力，秀才不出門，能知天下事，有能力神準的預見未來，創造價值。	自恃所思所想一定都是對的，自己有特定立場與觀點，喜歡在專業上較高下。他們喜歡在個人的空間中獨自思考，對於團隊的運行常常冷眼旁觀。象牙塔式的閉門造車，常常令他們曲高和寡。
你應該這麼應對…	養成吸收新知的習慣，與領導對談才能言之有物，他們喜歡聰明的人，若是你手上擁有他們想要的關鍵資訊，他們將對你另眼相看。	做事情要養成獨立性，同時要有信心被領導打擊的準備，在與領導談話之前一定要做足功課，並且用請教的態度讓他們指導自己的不足。
有這樣的部屬	心思縝密，有很強大的分析和組合能力，喜歡探討抽象的觀念，擁有創新的精神，理性作風，專注於事物深度的探討，對於人際場合上比較望而卻步。	性格孤僻，過度沉溺在思考的時間，常覺得自己準備不足，但準備好了又覺得英雄無用武之地。
你應該這麼應對…	聆聽他們的系統性分析，但是要注意主題的掌握，避免過度細節而離題，尊重他們須要獨立思考與準備的時間和空間，同時要督促他們的行動落實。	鼓勵他們和大家互動，先避開腦力交流的部分，可以先從一起唱歌、郊遊、旅行、運動等，讓他們在肢體活動的接觸中，改變觀察視角。

忠誠謹慎者
THE LOYALIST

	健康度佳	健康度下滑
性格	忠誠穩定、有責任感、安全穩健、團隊合作	悲觀、獨裁、多疑、依賴
有這樣的主管	三思而後行，行動前必然先擬定策略計畫，審視再三，然後在眾人無異議下拍板決定。 集體意識很強，在團隊組織之中勤勉工作，勇於當責，對團體以誠相待，對團體的信念，會全力維護。 不論何時何地，總是告誡眾人要居安思危。	疑心病重，對人性充滿質疑，不求有功 但求無過的處世態度，悲觀而保守，彷彿永遠站在對立面看問題，遇到事情一定先反對，害怕狀況不明，有下決定恐懼症。 不喜歡吃大鍋飯團隊成員，同時也會排斥不同團體的理念。 害怕暴露自己的缺點，會防禦性的投射到對方身上。
你應該這麼應對…	忠誠是他們最鍾愛的特質，除了做事要踏實穩健，對於隱患的思考一定要周詳再三，工作上的匯報要鉅細靡遺，最重要的是先報憂再報喜。	事先準備答詢反對問題的答案，先自我心理建設，把事情研究周詳並沒有什麼不對，要耐心而詳細的探討與解說，所呈報的論述最好有權威的背書或科學的鐵證做為佐證資料。

	健康度佳	健康度下滑
有這樣的部屬	是個可信賴的夥伴，但他們總是擔心危險事件的發生，你會覺得他們過度高估風險。	常常杞人憂天，在團體中捕風捉影，說起話來拐彎抹角。會以怕犯錯為藉口，不思進取，也會因為害怕責怪而逃避責任。
你應該這麼應對…	他們有很好的服從性和執行力，給予明確的目標和指令，他們會循規蹈矩，忠實地完成所交付的任務。 他們喜歡團隊合作，但合作之前，大家醜話說在前頭，是為了日後合作更順利和諧。	忌諱在他們面前竊竊私語，這是一種「我們不是同一國」的概念，這會把他們向外推。 讓他們知道意外也是人生的一部分，世界不斷在改變，修改並不代表不可以，給予一些犯錯空間，提高他們行動的勇氣。

樂於嘗試者
THE ENTHUSIAST

	健康度佳	健康度下滑
性格	天真率直、多才多藝、創新整合、勇於探險	任性妄為、學藝不精、喜新厭舊、天馬行空
有這樣的主管	每每帶來無限創意，利用不同的優勢整合出令人激賞的策略方案。 喜歡扁平式的領導風格，跟大家互動起來很歡樂，自由開放是他們做人處事的模式，他們是最會鼓舞士氣的人。	一個案子玩一下子就不了了之，虎頭蛇尾的習慣，令人無所適從。
你應該這麼應對…	面對容易被新鮮的事物所吸引的領導，你必須保持與時代同頻率的脈動，保持幽默感，學會在談笑中把工作了結	面對玩世不恭，討厭教條與規則，不喜歡單調、重複性的工作，沒什麼責任感的領導，你應該做好會議紀錄，讓他簽名，以免事後責任不清。
有這樣的部屬	他們的表達能力突出，愛打斷別人講話，可以一心多用，也常分心不專注，有強大的自信與企圖心，因此常常劍走偏鋒，一次設定多點目標。	追求刺激，找尋快樂，浪蕩閒散，貪婪衝動。
你應該這麼應對…	善用他們的處事彈性，授權他們在新的策略執行或新市場開發上盡情發揮，他們都是最棒的開拓者。 協助他們聚焦，把資源集中，才不會備多而力分，貪多嚼不爛。	協助他們學習深化，一件事情做完，再做下一件，在每一次完成事件中培養出成就感，他們就會發現，一味的追求快樂，不是解決焦慮的好方法。

領導指揮者
THE CHALLENGER

	健康度佳	健康度下滑
性格	自信果斷、意志力強、勇敢求勝、獨立自主	頑固專橫、強取豪奪、好勇鬥狠、利慾薰心
有這樣的主管	天生的領袖氣質，視野卓越，王者之風，對於建功立勳有執著的嚮往。他們擅長激勵大家達成目標。 性情中人，說話直接了當，對弱者會張開保護的翅膀。	唯我獨尊的氣勢，對人有親疏遠近的不同，能否為我所用有著大眼的不同對待方式。 對事情很主觀，一切我說了算，不容別人侵犯他的主宰權力。
你應該這麼應對…	要勇於承擔，不論責任或是犯錯，都不要拐彎抹角的表達，在工作中，表現出追求成功的野心，跟這樣的領導工作，在體力的負荷上比較大，要照顧好身體。	面子要給他們做足，當議題被否決，甚至引起他們的怒火，應暫避其鋒，抓大放小，改天再談。 善用他們尊重的人，他們會給面子同意。
有這樣的部屬	他們是會據理力爭，甚至是會揭竿而起的部屬。	一貫的態度驕慢，對人頤指氣使，什麼事情都是用鬥爭的手段來解決。
你應該這麼應對…	切割一塊領域給他們管理，讓出一個可以是他們說了算的地盤，說清楚權責範圍，以及義務條件，你仍是聯盟的共主，他們會以你馬首是瞻。	同甘共苦，建立革命情感。以柔克剛和硬碰硬的作法要相間使用，剛柔並濟將他們引入組織規範之中，才能收釜底抽薪之效。

平和謙讓者
THE PEACEMAKER

	健康度佳	健康度下滑
性格	平易近人、包容力強、安撫人心、授權支持	志得意滿、言聽計從、粉飾太平、出一張嘴
有這樣的主管	他們凡事以和為貴，能懂大勢所趨，然後順勢而為創造成功，運用調和鼎鼐的功夫讓所有人朝著共同目標前進，在他們所建構的和諧藍圖上化繁為簡，每個人做好自己的本分，就完成通盤的合作。	老好人，要求不高，心腸軟，耳根也軟，容易聽信別人而改變想法。以放牛吃草的方式帶領團隊，士氣顯得鬆散。
你應該這麼應對…	安分守己，處世低調是他們欣賞的作風。 定時提供戰略方案給領導，以大環境的脈動，作為行動的策略發想。	協助領導排除困難。 若有提案，可以將建議先做出雛形，確認有搞頭後，呈報領導小試水溫，以一步步結合的方式，讓領導習慣整盤新計畫的運作。
有這樣的部屬	善於發現別人的優點，能配合團隊。 不論工作或學習，他們都按部就班地完成進度，有恆心有耐心，容易成為師級匠人。	獨善其身的觀念讓他們做事情喜歡打太極拳（推拖），最後很多事情的結果都無疾而終。
你應該這麼應對…	讚美他們，認同他們的合作態度，給予他們明確的行動方案和時間進程。	陪伴他們成長，改變要一步步來，讓他們慢慢習慣變化，一旦適應，在加重力度。 他們在前進的過程中，比較需要有人照看，給予明確目標和時間表之前，先協助他們適應。

每天十分鐘，讀懂九型人格

書　　　名	每天十分鐘，讀懂九型人格
作　　　者	林忠儒，得沁
發 行 人	程顯灝
總 企 劃	盧美娜
主　　　編	譽緻美學國際資訊企業社・蔡宜珍
美　　　編	譽緻美學國際資訊企業社・羅光宇
藝文空間	三友藝文複合空間
地　　　址	106 台北市安和路 2 段 213 號 9 樓
電　　　話	（02）2377-1163
發 行 部	侯莉莉
出 版 者	靛藍出版有限公司
總 代 理	三友圖書有限公司
地　　　址	106 台北市安和路 2 段 213 號 9 樓
電　　　話	（02）2377-4155
傳　　　真	（02）2377-4355
E - m a i l	service @sanyau.com.tw
郵政劃撥	05844889 三友圖書有限公司
總 經 銷	吳氏圖書有限公司
地　　　址	新北市中和區中正路 788-1 號 5 樓
電　　　話	（02）3234-0036
傳　　　真	（02）3234-0037

初　　　版　2019 年 6 月
定　　　價　新臺幣 360 元
ISBN　978-986-94507-3-7（平裝）

國家圖書館出版品預行編目（CIP）資料

每天十分鐘，讀懂九型人格 / 林忠儒，得沁作.
－ 初版 . － 臺北市：靛藍出版，2019.06
面；　公分
ISBN 978-986-94507-3-7（平裝）

1. 人格心理學　2. 人格特質

173.75　　　　　　　　　　　108006878

三友官網　　　三友 Line@